高校人文素质教育系列教材

公共关系实务

PRACTICE OF PUBLIC RELATION

毛国民　主　编
余　芳　副主编

黑龍江大學出版社
HEILONGJIANG UNIVERSITY PRESS

图书在版编目（CIP）数据

公共关系实务 / 毛国民主编. -- 哈尔滨 : 黑龙江大学出版社, 2018.6(2023.1 重印)
ISBN 978-7-5686-0241-9

Ⅰ. ①公… Ⅱ. ①毛… Ⅲ. ①公共关系学－教材 Ⅳ. ① C912.3

中国版本图书馆 CIP 数据核字 (2018) 第 121946 号

公共关系实务
GONGGONG GUANXI SHIWU
毛国民　主编　余　芳　副主编

责任编辑　于　丹　魏翕然　杨琳琳
出版发行　黑龙江大学出版社
地　　址　哈尔滨市南岗区学府三道街 36 号
印　　刷　哈尔滨市石桥印务有限公司
开　　本　720 毫米 ×1000 毫米　1/16
印　　张　14.25
字　　数　219 千
版　　次　2018 年 6 月第 1 版
印　　次　2023 年 1 月第 3 次印刷
书　　号　ISBN 978-7-5686-0241-9
定　　价　34.00 元

本书如有印装错误请与本社联系更换，联系电话：0451-86608666。

序　言

在我国,公共关系学是一门年轻而有活力的学科。《公共关系蓝皮书:中国公共关系发展报告(2017)》显示,我国公共关系行业仍处于快速发展成长期。随着整个社会对公共关系行业认知的逐步提升,行业前景总体看好。伴随信息科技发展与媒介的不断革新,公共关系行业的业务领域将不断发生变化,新的业务模式也将如雨后春笋般涌现。随着国家相关法律法规的陆续出台,行业也将被逐步净化,朝着规范化的方向发展。伴随着如此风起云涌的行业发展,公共关系学科的教材需要紧跟行业的步伐,给读者呈现大量新颖的案例和完整的学科结构框架。《公共关系实务》作为反映公共关系理论和改革的实用教材,是对公共关系理论和发展总结的有益尝试。此书编写突出如下特点:

第一,体系完整,突出实战性。此书在体系和框架上尊重经典,同时也颇有创新。此书融合了公共关系学的基本理论和重要操作技巧,十四章内容分别为导论,公共关系的起源与发展,公共关系主体、机构与从业人员,公共关系的对象,公共关系传播,公共关系形象与 CI 战略,公共关系调查,公共关系策划,公共关系实施与评估,组织内外部公共关系,公共关系谈判,公共关系写作,公共关系礼仪,危机公关,另有附录优秀 CI 设计鉴赏。从体系上看,既有纵向的公共关系历史阐述,也有横向的公共关系主体分析;既有着墨浓重的公共关系专题,也有一般公共关系原理的理论概述。

第二,案例新颖,具有原创价值。公共关系行业的蓬勃实践活动为此书提供了大量精彩的素材,尤其在互联网环境下,公共关系行业的数字化趋势明显,公共关系传播中"去阶层化"的新媒体传播成为社会关注的焦点。本着"上接天线、下接地气"的编写思路,此书结合公共关系实际,选取大量富有时代感的案例，帮助读者理解相关公共关系原理，特别是公共关系形象与CI战略、危机公关两章，个性特征特别明显，具有新意。附录中提供了原创案例，可读性、实用性较强。

《公共关系实务》作为一本应用型教材，可供各类高校相关专业的专科、本科等各个层次的师生教学使用，也可作为各界人士提高公共关系能力的自学教材，还可作为各企事业单位进行员工公共关系培训的实用教材。

此书由广东外语外贸大学毛国民教授担任主编、余芳副教授担任副主编，阮旭贤等参与编写和统稿工作。虽然编者们已在公共关系专业从业多年，但学无止境，书中的疏漏之处，敬请方家批评指正。

毛国民

2018年5月21日

目 录

第一章　导论

一、教学目的

了解:公共关系是一个组织为了生存发展,运用合理的原则和方法传播信息、塑造形象、协调和改善组织的内外部关系,以取得理解、支持和合作的一种思想、政策和管理职能。公共关系具有独特的功能、研究对象和内容。

掌握主要知识点:公共关系的含义;公共关系与人际关系、庸俗关系、市场营销、广告、宣传的区别;公共关系的基本要素;公共关系的特征;公共关系的功能;公共关系的基本原则;公共关系的研究对象和内容。

二、教学重点与难点

1. 公共关系作为一门综合性的应用学科和一种发展中的管理功能,关于其定义的讨论已构成公共关系学理论研究的一部分。

2. 公共关系与若干相关概念的辨析。

3. 公共关系的基本要素。

4. 公共关系的特征。

5. 公共关系的功能。

6. 公共关系的基本原则。

第一节　公共关系概述

【课前案例】微信红包

微信红包是腾讯旗下产品微信于2014年1月27日推出的应用，可以实现发红包和提现等功能，可见图1－1。近年，微信红包在春节时期更占据着一种无可替代的地位。据统计，2017年从除夕至初五，全国微信红包收发总量为460亿个，其中除夕当日收发总量达到142亿个，峰值达到每秒76万个。

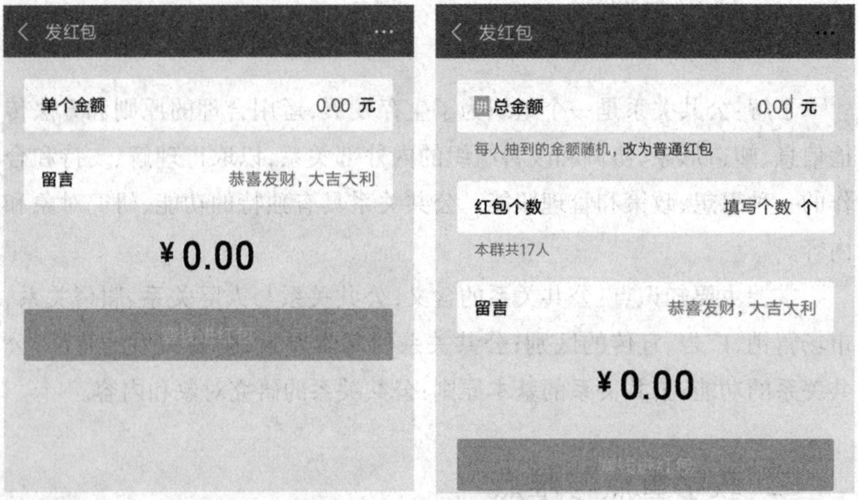

图1－1　微信红包示意图

微信红包是非金融机构进入金融界，将信息技术、文化创意、社会思潮等众多元素植入互联网业态金融产品，创出的新商业模式，大幅改变了经济业态，也大大提升了腾讯的影响力。微信红包无疑是最佳的公共关系产物。

任何公共关系产物的出现都离不开利益。对消费者而言，微信红包是一个零门槛、多功能的社交平台，微信红包不过是一场没有盈亏、收支平衡的心意互动游戏，是一场低成本甚至零成本的全民狂欢。

腾讯利益：(1)微信红包绑定银行卡。曾经2天绑定2亿张银行卡，完成了四大国有银行几十年梦寐以求的事，实现了支付宝8年的目标。(2)微信购物平台开发。微信红包提高了微信中话费充值、打车、信用卡还款等功能的使用率。

总结:微信红包无疑是最佳的公共关系产物,其体现了公共关系元素:顺大势——年节黄金消费期,顺文化——传统民俗回归,顺人性——全民娱乐,借技术——全新网络技术。

一、公共关系的含义

"公共关系"一词源自英文 public relationships,缩写为"PR",简称"公关"。公共关系为一门综合性的应用学科和一种发展中的管理功能,关于其定义的讨论已构成公共关系学理论研究的一部分,其中代表性、权威性的定义有:

美国著名公共关系学者雷克斯·哈罗(Rex L. Harlow)博士的定义:公共关系是一种独特的管理职能。它帮助一个组织建立并维持与公众之间双向的交流、理解、认可与合作;它参与处理各种问题与事件;它帮助管理者及时了解公众舆论,并对之做出反应;它明确并强调管理部门为公众利益服务的责任,它作为社会变化趋势的监视系统,帮助管理者及时掌握并有效地利用社会变化,保持与社会变动同步;它以健全的、正当的传播技能和研究方法作为主要的工具。

英国著名公共关系学者弗兰克·杰夫金斯(Frank Jefkins)认为:公共关系就是一个组织为了达到与它的公众之间相互了解的确定目标,而有计划地采用的一切向内和向外的传播沟通方式的总和。

国际公共关系协会的《墨西哥宣言》中的定义:公共关系是一门艺术和社会科学。它分析趋势,预测后果,向机构领导人提供意见,履行一系列有计划的行动,以服务于本机构和公众的共同利益。

美国普林斯顿大学的资深公共关系教授蔡尔兹(H. L. Chils)认为:公共关系是我们所从事的各种活动、所发生的各种关系的通称,这些活动与关系都是公众性的,并且都有其社会意义。

可见,公共关系的定义很多,各种定义之间并不矛盾,只是侧重点不同。

我们认为,公共关系就是一个组织为了生存发展,运用合理的原则和方法传播信息、塑造形象、协调和改善组织的内外部关系,以取得理解、支持和合作的一种思想、政策和管理职能。

二、公共关系与若干相关概念的辨析

(一)公共关系与人际关系

1. 公共关系与人际关系的联系

人际关系指个人关系、私人关系,即个人在社会交往实践中形成的人与人之间的相互作用和相互影响。

从内容上看,公共关系的内容包括部分人际关系。组织与公众的关系经常表现为个人与个人的关系,即代表组织的个人与群体中的个人之间的相互交往。

从方法上看,公共关系也包括了人际沟通的技巧,即面对面的情感交流和说服技巧。公共关系人员需要具备较强的人际沟通能力,具有良好的交际素质与涵养。

2. 公共关系与人际关系的区别

公共关系的行为主体是组织,人际关系的行为主体是个人。在公共关系活动中,个人是以组织的身份与公众交往的,是组织的化身与代表。

公共关系的对象是与组织相关的公众及其舆论,而人际关系则包含许多与组织无关的私人关系。

公共关系是一种组织的管理活动与职能,人际关系主要靠个人的交际技巧和能力。

公共关系十分强调运用公众传播和大众传播的方式做远距离、较大范围的公众沟通,人际关系则比较局限于面对面、个体对个体的交流方式。

图1-2　人际关系示意图

（二）公共关系与庸俗关系

1. 两者产生的社会条件不同

公共关系产生于商品经济高度发达、传播技术日益先进、经济活动空前复杂的现代社会。庸俗关系是在社会生产力水平低下、商品和服务不充分的条件下产生的。

2. 两者采取的手段不同

公共关系是用公开的、合法的、符合职业道德准则的沟通交往手段，以讲求信誉、遵纪守法、互惠互利、优质服务来争取公众了解、认识组织，进而支持、配合组织的政策和行动。庸俗关系的主要手段是各种物质利益以及一些不透明、不公开甚至违法的行为。

3. 两者的出发点和目的不同

公共关系是在追求社会整体利益最大化的基础上，谋求组织效益最大程度的提高，促进公众对组织的信任和支持。庸俗关系是通过以权谋私、损人利己等方式，谋求个人或小集团利益，其结果是少数人中饱私囊，而国家、社会、公众利益遭到损失，进而败坏社会风气，阻碍社会进步。

（三）公共关系与市场营销

1. 公共关系应用的范围要比市场营销广泛得多。

2. 公共关系的工作对象不单纯是消费者。

3. 公共关系是一项长期的活动，而市场营销则有阶段性和局部性的特点。

（四）公共关系与广告

广告以传播产品服务信息为主，而公共关系以传播组织信息为主。

1. 公共关系与广告的联系：公共关系借助广告传播信息，能对广告起指导作用。

2. 公共关系和广告的区别：目标和原则、范围大小、传播手段和周期、传播的目的和评价各不相同。

（五）公共关系和宣传

公共关系和宣传都要依靠传播媒介，使信息为更多的人所共享。宣传工作必须树立公共关系意识，创造良好的环境和人际关系以提高效果。公共关系也需利用宣传的效果，提高组织的知名度和美誉度。但两者之间有显著的区别，主要表现在传播方式上。公共关系旨在通过双向沟通，说服公众；而宣传意在通过单向灌输，影响公众。

【案例】**飞鸽自行车飞向美国**[①]

天津自行车厂（现天津飞鸽车业发展有限公司）建于1936年，是中国第一家自行车厂，最初生产铁锚牌自行车。1950年试制出新中国第一辆自行车，取名"飞鸽牌"，该车获得过中国第一枚自行车银奖（当时最高奖）。1982年飞鸽牌自行车日产量达6 900辆，为国内三大名牌产品之一。大批飞鸽牌自行车在国内供不应求，并销往76个国家和地区，为国家创了大量外汇。然而，就是这样一个世界最大的自行车厂，却始终未能打进自行车需求量较大的美国市场。

1989年2月，天津自行车厂听到一个消息：新当选的美国总统布什要

① 飞鸽车伴随白宫新主人飞向美国。http://www.doc88.com/p-597146989936.html。

访华。布什在20世纪70年代经常与夫人一起骑车在北京游览。他们认为骑车既可健身,又可直接接触普通百姓,了解中国社会。他们夫妇骑车在天安门前的留影发表后夫妇二人获得"自行车大使"的雅号。这位"汽车王国"的大使爱骑自行车一时被传为佳话。于是,该自行车厂便接受了新华社的建议,商讨是否争取将飞鸽牌自行车作为国礼赠给布什。厂领导认为这是一次很好的机会,可以借名人宣传"飞鸽",使世界上都知道飞鸽牌自行车,也宣传中华民族的好客与热情,搞一次国际公共关系活动。于是,他们在新华社和其他新闻单位的协助配合下,经过努力,得到了国务院办公厅等有关部门领导的同意与支持,决定选择1988年底才出产的新品种——造型美、质量轻、骑行方便的QF83型白绿过渡色男车和QF84型红白过渡色女车作为礼品。

1992年2月25日,在钓鱼台国宾馆18号楼的大厅里,李鹏总理将两辆崭新的飞鸽牌自行车送给布什夫妇,布什夫妇仔细地看了看车子,连声说:"好极了,美极了!"布什总统还兴致勃勃地骑上了车子,在众多的记者面前做出骑车的样子,让他们拍照。

他还风趣地对记者说:"我保证明天早晨要骑一骑。"李鹏总理笑着对布什总统说:"以后你可以在白宫里骑。"对于这一新闻,国内外有上百家报纸进行了报道,还刊登了布什总统在国宾馆骑自行车和当年布什夫妇骑飞鸽牌自行车在天安门前的照片。新华社专稿写道:飞鸽牌自行车伴随白宫新主人飞向美国。人们祝愿,这一对"飞鸽"将带去中国人民对美国人民的深情厚谊,为进一步促进中美友谊做出贡献。

"飞鸽"不仅带去了中国人民的友谊,也带来了企业的经济效益。从此,天津自行车厂的产品带着"飞鸽"商标进入美国市场,飞鸽牌自行车以其美观的造型、可靠的性能和鲜艳的色彩,赢得了美国顾客的喜爱。

分析:名人效应是公共关系活动常用的手段之一,它主要是借助名人已取得的知名度、美誉度及在社会上的巨大影响,扩大本组织知名度、美誉度。飞鸽牌自行车在这次活动以前已经具备了相当的实力,它们被挡在美国市场的大门外的原因绝不是质量问题,而是知名度问题。天津自行车厂抓住了名人效应,抓住了机会,就成功了。

第二节　公共关系的基本要素和特征

一、公共关系的基本要素

公共关系的基本要素有：社会组织、公众和传播。

公共关系的主体是社会组织。社会组织是公共关系的实施者、操作者和承担者。社会组织可以泛指政府机关、企业、社会团体等。

公共关系的客体是公众。公众是公共关系主体实施公共关系活动的对象和承受者，是公共关系传播沟通的对象。

公共关系的过程和方式是传播。公共关系活动的实质性内容就是运用现代信息社会的各种传播沟通手段去建立和完善组织与公众之间的关系。组织与公众联结的方式就是传播沟通。公共关系作为一种管理职能和经营艺术，其特点就是运用传播沟通手段去影响公众、树立形象。

【案例】**“小燕子”的一封信**①

美丽的日本古都奈良坐落在绿树满坡的春日山和若草山的怀抱中。奈良郊区有家旅馆，环境优美，绿树成荫，春天时美丽的樱花随着春风四处飘曳，使人心旷神怡。该旅馆不仅环境宜人，服务也热情周到，客人光临时服务员总是笑脸相迎，施礼寒暄，使人有宾至如归的感受。

但不尽如人意的事情出现了，归春的燕子也争相“光临”此处，它们未经主人允许，就忙忙碌碌地在屋檐下营巢筑窝，繁衍后代。主人爱鸟，非常欢迎这些可爱的小家伙在此栖息，还时常为它们提供一些方便，可是小燕子们随随便便地排泄粪便，尤其是那些刚出壳的雏燕。粪便溅脏了房间的玻璃和走廊，实在有碍观瞻。尽管服务员经常擦洗，但小燕子我行我素，窗户上常留下那么一点污渍，客人们有些不高兴了。旅馆经理也为此事苦恼，突然，他眉头一皱，计上心来，提笔给客人们写了一封信。

① “小燕子”的一封信。https://wenku. baidu. com/view/709dd76a1fd9ad51f01dc281e53a580216fc50e6. html。

女士们、先生们：

我们是刚从南方赶到这儿过春天的小燕子，没有征得主人的同意，就在这儿安了家，还要生儿育女。我们的小宝贝年幼无知，我们的习惯也不好，常常弄脏您的玻璃和走廊，致使您不愉快，我们很过意不去，请女士们、先生们多多谅解。

还有一事恳求女士们和先生们，请您千万不要埋怨服务员，她们是经常打扫的，只是她们"擦不胜擦"，这完全是我们的过错，请您稍等一会儿，她们马上就来了。

您的朋友：小燕子

客人们看了这封以小燕子名义写的信，都给逗乐了，怨气随之烟消云散。每当客人回到自己的房间，看到窗户上的点点燕子粪便，便会想起"小燕子"那熟悉、亲切、有趣的话语，谁能不原谅它们的一点小过失呢？此后，游人总是带着美好的回忆，依依不舍地离开美丽的古都奈良，离开这逗人的旅馆。

图1-3　小燕子

分析：本案例说明主体可以通过适当的沟通方式与客体联结到一起，消除误解，赢得公众的理解和支持，树立良好的组织形象。

二、公共关系的特征

(一)以美誉度、塑造良好形象为目标

美誉度是公共关系评价的尺度,在公众中塑造、建立和维护组织的良好形象是公共关系活动的根本目的。

(二)传播的双向性

公共关系是以真实为基础的双向沟通,而不是单向地向公众传达或对公众舆论进行调查、监控,它是主体与公众之间的双向信息系统。

(三)全员公关

指社会组织中所有工作人员都参与公共关系活动。

(四)遵守法纪

组织开展公共关系活动必须遵守国家的相关法律,使自己的活动始终在法律规范的空间内进行。

(五)以长远为方针

组织塑造良好的形象不是一朝一夕之事,必须时时加以维护、调整。

【案例】顾客争座时,餐厅怎么办

2000年8月,江西某餐厅开张数周,一直人如蜂拥,非常火爆。不想1个月未到,即有顾客因争座被殴打而向报社投诉该餐厅,造成一场不小的风波。

事件经过大致如下:一位女顾客用所携带物品占座后去排队购买套餐,座位被一位男顾客坐住,因而双方发生争执。先是两位顾客因争座发生口角,尽管已引起其他顾客的注意,但大家都未太在意,此时餐厅的员工未能及时平息两人的争端。接着两人开始大声争吵,店内所有顾客都开始关注事态,邻座的顾客则停止用餐,离座回避,带小孩的家长担心事态危险和小孩受到粗话影响,领着小孩离店。最后二人争吵上升到斗殴,男顾客大打出手,殴伤女顾客后离店,别的顾客也纷纷离座,远远地看热闹。女顾客非常气愤,当即要求餐厅对此事负责,并加以赔偿。到此时,其影响面还局限于人际范围,如果餐厅经理能满足顾客的要求,女顾客就不至于向报社投诉。但餐厅经理表示"这是顾客之间的事情,餐厅不应该负责",拒绝了女顾客的要求。

女顾客马上打电话向某晚报和某都市报两报投诉。两报立即派出记者到场采访。女顾客陈述了事件的经过并坚持自己的要求,而餐厅经理在接受采访时对女顾客被殴表示同情和遗憾,但是认为餐厅没有责任,不能做出道歉和赔偿。两报很快对此事做了报道,结果引起众多市民的议论和有关法律专家的关注。事后,根据《消费者权益保护法》,餐厅被认为对此事负有部分责任,向女顾客公开道歉,并赔偿了部分医药费。两报对此也都做了后续报道。

分析:从公共关系的角度来看,餐厅对顾客争座应该管,而且管得越早越好。这一事件也说明培养员工的公共关系意识十分重要。公共关系不只是公共关系部的责任,培养员工素质,推进全员公关,是各种社会组织都不应忽视的。

第三节　公共关系的功能和基本原则

一、公共关系的功能

(一)塑造形象,繁荣社会经济,增进整体效益

公共关系塑造的是组织的整体形象,而不仅仅限定在具体的产品形象或人员形象上。公共关系强调各种形象要素之间的整体联系和整体效果。

公共关系首先要求完善组织形象的内涵,然后才建构组织形象的外现。内在形象要素的完善是组织形象的客观基础,如产品质量、人员素质、企业精神、经营作风、服务态度等,确立这些要素在公众心目中的位置,是塑造组织形象的首要任务。

(二)优化社会环境,调控社会行为

环境有硬环境和软环境之分。

1. 硬环境

硬环境包括组织的顾客、材料供应者、竞争对象、自然资源的数量与质量、气候条件、人力资源分布态势、年龄与性别、组织的设备等。

2. 软环境

软环境指组织内部影响组织生存与发展的诸要素的总和及存在于组织外部而影响组织生存与发展的诸要素的总和。

良好的软环境的标准是:

(1)尊重知识,尊重人才,使拔尖人才脱颖而出。

(2)优化的组织设计和结构。

(3)有效的领导。

(4)成功的决策。

(5)高效率的组织工作。

(6)通畅的组织沟通。

(7)宽松的组织气氛。

(8)和谐的人际关系。

(9)较强的工作责任感。

(10)主人翁的精神。

(三)促进民主政治,倡导社会文明

公共关系是民主政治的产物,公共关系的不断发展又会反过来促进民主政治的发展。公共关系强调"公众至上",主张社会组织的一切行为都立足于满足社会成员的各种需要,为他们提供各种优质服务。

公共关系人员要有公仆意识,自觉深入民众之中,关心公众欲望,倾听公众声音,解决他们的实际问题。

社会成员看到自己的意见得到重视、自己的权利得到尊重,会产生对社会事务、国家事务的主动参与意识,这样就会在社会上形成一种积极、健康的政治环境,这将大大有利于民主政治的健全和发展。

（四）提高素质

以追求交流、协作、互惠互利为特色的公共关系意识和以运用公平、公正、公开的手段为特征的公共关系活动，在 20 世纪逐渐得到了社会的认同，进而成为现代占主导地位的社会观念和价值标准的非常重要的一个方面。

通过公平、公开、互惠互利的公共关系活动，组织已经完全可以达到目标，人们不必采用那些不正当的手段和有违法律和道德的手段。

二、公共关系的基本原则

公共关系的基本原则包括公开事实真相的原则、尊重公众的原则、互惠互利的原则、全面公共关系的原则、不断创新的原则、平时联络的原则。

【案例】**“上帝”剪彩与同庆生日**①

青岛星火家具大世界开业之际，举行了一场别开生面的开业仪式。开业仪式上，既听不到震耳欲聋的鞭炮轰鸣，也看不到成群结队的领导光临，伴随阵阵悠扬悦耳的乐声，工作人员向在场的第一批顾客发放了 20 束鲜花，然后由得到号码 8、18 的两位顾客当众为公司剪彩。此时此刻，人们感到顾客就是“上帝”已不再仅仅是商店里装点门面的标语条幅。

长沙友谊华侨公司于 1990 年 11 月中旬开始进行店堂装修，准备在 1991 年元旦重新开业。但有一件事却使该公司总经理犯难：焕然一新的“友华”怎样才能吸引更多的顾客呢？深夜 12 点了，他还无法入睡，随手翻起床头一本中国香港出版的《国外营销术》，看到一篇谈营销主体以如何贴近顾客的方式促进销售的文章。在他的脑海里蓦地迸发出灵感的火花：能不能用“友华”的名义请长沙市区内历年元旦这天出生的人在开业这一天到店里来过生日？

第二天，公司同人听经理谈了这个想法后，都认为这可行。于是他们邀请另一家公司为联办单位，赶制了一批精巧的生日纪念卡和小礼品，接着在报纸和电视上打出广告，邀请市内历年元旦出生的人趁“友华”重新

① “上帝”剪彩与同庆生日。http://www.doc88.com/p-3187587878036.html。

开张之际,来店同庆节日之喜。

开业那天,过生日的顾客怀着兴奋的心情手持户口簿排队领取生日礼品,他们三五成群而来,吸引了不少过往行人。没过多久,店里就挤得水泄不通。

一位81岁高龄的老人听闻后,高兴地说:“我活了81岁,从来没有看到过商店为顾客过生日的,今天看到了。”他特地打发60岁的儿子代他前来。进得店来,这位花甲老人替父亲领了生日纪念品后,又被琳琅满目的商品所吸引,看完这个柜台又看那个柜台,边看边买,出店时,大包小盒提了一大串。下午2点钟,一名男子手持医院证明来到店里,说他女儿当天上午10点钟才降生。经理代表公司向他表示祝贺,并向他女儿赠送了礼品。他激动地说:“你们给顾客带来了生日的乐趣,把‘友华’的美好情意送到了顾客心里。”

到下午5点钟,共发出生日礼品千余份,而商店的客流量已超过20万人次,销售额达100万,相当于过去日平均数的十几倍,创该店历史上的最高纪录,并为以后扩大销售奠定了良好基础。

分析:商店开业时,人们司空见惯的做法是:领导光临,执剪剪彩。但是青岛星火家具大世界和长沙友谊华侨公司的做法却别具一格,前者是请两位普通顾客剪彩,后者则与顾客同庆生日。此番举措,不同凡响,公共关系效果强烈。

三、危机公关5S原则

(一)承担责任原则(shouldering the matter)

危机发生后,公众会关心两方面的问题:一方面是利益的问题。利益是公众关注的焦点,因此无论谁是谁非,社会组织都应该承担责任。即使受害者在事故中有一定责任,社会组织也不应首先追究其责任,否则会加深矛盾,引起公众的反感,不利于问题的解决。另一方面是感情问题。公众很在意社会组织是否在意自己的感受,因此社会组织应该站在受害者的立场上表示同情和安慰,并通过新闻媒介向公众致歉,解决深层次的心理、情感关系问题,从而赢得公众的理解和信任。实际上,公众和媒体往往在心目中已经有了一杆秤，对社会组织有了心理上的预期，即社会组织应该怎样处理自己才会感到满意。因此社会组织绝对不能选择对抗，态度至关重要。

（二）真诚沟通原则（sincerity）

不要试图去掩盖自己，不要试图给自己披上华丽的外衣，不要粉饰太平。社会组织处于危机旋涡中时，是公众和媒介的焦点。社会组织的一举一动都将接受质疑，因此千万不要有侥幸心理，企图蒙混过关，而应该主动与新闻媒介联系，尽快与公众沟通，说明事实真相，促使双方互相理解，消除疑虑与不安。

真诚沟通是处理危机的基本原则之一。这里的真诚指"三诚"，即诚意、诚恳、诚实。如果做到了这"三诚"，则一切问题都可迎刃而解。

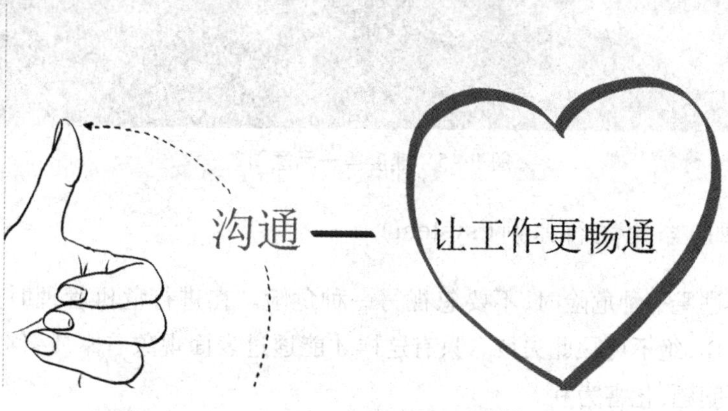

图 1－4　真诚沟通示意图

（三）速度第一原则（speed）

好事不出门，坏事行千里。在危机出现最初的 12～24 小时内，消息会像病毒一样，以裂变方式高速传播。而这时候，可靠的消息往往不多，公众耳边充斥着谣言和猜测。社会组织的一举一动将是外界评判社会组织如何处理这次危机的主要根据。媒体、公众及政府都密切注视社会组织发出的第一份声明。对于社会组织在处理危机方面的做法和立场，舆论赞成与否往往会立刻见于传媒报道。

因此社会组织必须当机立断，快速反应，果决行动，与媒体和公众进行沟通，从而迅速控制事态，否则会扩大突发危机的范围，甚至可能失去对全局的控制。危机发生后，首先控制住事态，使其不扩大、不升级、不蔓延，是处理危机的关键。

图1－5　速度第一示意图

（四）系统运行原则（system）

在逃避一种危险时，不要忽视另一种危险。在进行危机管理时必须系统运作，绝不可顾此失彼。只有这样才能透过表面现象看本质，创造性地解决问题，化害为利。

第一，以冷对热、以静制动。危机会使人处于焦躁或恐惧之中，所以社会组织高层应以“冷”对“热”，以“静”制“动”，镇定自若，减轻员工的心理压力。

第二，统一观点，稳住阵脚。在组织内部迅速统一观点，对危机有清醒认识，从而稳住阵脚。

第三，组建班子，专项负责。一般情况下，危机公关小组由组织的公共关系部成员和组织涉及危机的高层领导直接组成。这样，一方面是高效率的保证，另一方面是对外口径一致的保证，使公众对组织处理危机的诚意感到满意。

第四，果断决策，迅速实施。由于危机瞬息万变，在危机决策时效性要求高和信息匮乏条件下,任何模糊的决策都会产生严重的后果。所以必须最大限度地集中资源,迅速做出决策,系统部署,付诸实施。

第五,合纵连横,借助外力。当危机来临时,应充分和政府部门、行业协会、同行及新闻媒体充分配合,联手对付危机,增强公信力、影响力。

第六,循序渐进,标本兼治。要真正彻底地消除危机,需要在控制事态后,及时准确地找到危机的症结,对症下药,谋求治"本"。如果仅仅停留在治标阶段,就会前功尽弃,甚至引发新的危机。

(五)权威证实原则(standard)

在危机发生后,社会组织要请重量级的第三者在台前说话,使消费者解除对自己的警戒心理,重获他们的信任。权威来自三个方面:

(1)意见领袖;

(2)权威部门、有公信力的第三方机构;

(3)有公信力的媒体。

第四节　公共关系学

一、公共关系学的研究对象

公共关系学的任务就是研究以下内容:

1. 什么是公共关系,包括公共关系的概念、定义、内涵、要素等。

2. 为什么搞公共关系,包括公共关系为什么产生,有什么用,是干什么的,即有哪些职责、功能、价值。

3. 怎么搞公共关系,包括公共关系的工作内容、程序、方法、技巧、模式等。

4. 由什么人去搞公共关系,包括公共关系的人员,他们的知识、能力、素质、意识等。

5. 公共关系的机构、组织、职能等。

6. 公共关系的历史、现状及规律等。

二、公共关系学的研究内容

公共关系学的研究内容包括：

1. 公共关系的概念；

2. 公共关系的历史；

3. 公共关系的行为主体及功能；

4. 公共关系的对象——公众；

5. 公共关系的管理过程，即公共关系调查、公共关系策划、公共关系实施和公共关系评估；

6. 公共关系工作的组织和实施程序；

7. 公共关系活动实务，包括调查研究、公共关系策划、公共关系评估、公共关系广告、专题活动、处理危机、交际、谈判等；

8. 公共关系的职业道德和法律制约；

9. 公共关系在中国应用的国情和特色，根据中国社会的政治、经济、文化、传播等方面的具体国情，探索公共关系的中国特色，这是在中国从事公共关系实践和研究所必须了解的内容。

【案例】**借力"神五"，蒙牛诠释公共关系四大精髓**①

2003 年可谓是拥有上千家企业的中国乳品业的多事之秋，几家被曝光、几家被收购，几家欢喜几家愁。却始终有一个品牌独树一帜、高歌猛进，它就是来自内蒙古草原的蒙牛。

看看其 2003 年品牌宣传的轨迹，我们就不难理解其最风光、最耀眼、最惹人嫉妒的原因。2003 年 3 月份，蒙牛集团抓住央视的收视高峰，率先进行事件营销，获得了极大成功，此后，他们与央视协商建立了一个应对突发新闻事件的快速反应机制，以确保蒙牛广告能在第一时间赢得商机。在一些特殊时期，很多企业纷纷停下广告，蒙牛集团不但没有停下广告，反而加大投放的力度，并增加了公益广告，得到了市场的回报。10 月份，蒙牛又利用获得"中国航天员专用牛奶"称号这一机

① 借力"神五"，蒙牛阐释公关四大精髓。http://business.sohu.com/2004/02/09/83/article218998390.shtml。

会进行主题为"举起你的右手,为中国喝彩"的大规模公共关系活动。到11月,蒙牛则一举夺得中央电视台的广告标王,再次成为社会关注的焦点。

可以说,正是这娴熟的公共关系技巧使蒙牛品牌知名度和美誉度大幅提升,并由此树立起一个具有民族内涵的大品牌形象,同时使蒙牛的产品销量一路奋进,由行业第四一举上升至榜眼之位,而液态奶部分更是攀升为行业霸主。

分析蒙牛的每一次公共关系活动,尤其是借助神舟五号成功飞天事件的"中国航天员专用牛奶"公共关系活动,其成功的原因在于蒙牛人抓住了公共关系策划的四大精髓。

精髓一——永远不忘产品的核心优势和品牌的核心价值

菲利普·科特勒把公共关系独立列为促销要素之一,认为公共关系不仅是一种促销策略,而且是一种整合各种社会关系(如媒介关系、政府关系、社区关系)的工作,能为营销活动创造良好的环境。

公共关系是所谓"既沟通又销售",即"公关=沟通+销售",其中:沟通侧重于我们常说的树立产品或品牌形象、拉近厂家与消费者距离、消除双方间存在的信息不对称现象;而销售则侧重于促成生意、推销产品、实现真正的销售量增加。两者累加就是公共关系。一般认为,公共关系不仅仅推销产品,还推销企业的品牌、树立企业的良好形象,即便生意做不成,也要把关系建立起来,把企业形象树立起来。如果产品推销出去了,关系却给毁掉了,就是失败的推销。所以公共关系不仅仅瞄准顾客,还瞄准广大的社会公众。如果说单纯的销售就像马鞭子抽在马背上能使马儿跑得快的话,公共关系就是清除跑道上的沙石障碍,铺平跑道上的坑坑洼洼,给马儿创造跑得更快、更好的条件和环境,是"品牌建设"的有力工具。

所以说,企业的一切公共关系活动应该服务于品牌建设和适应于品牌规划。简单说,就是企业的一切公共关系活动一定要紧扣自己产品的核心优势和这个优势可给予消费者的核心价值(受菲利普·科特勒的"顾客让渡价值"理论的影响,业内常称之为品牌的核心价值),为其品牌的成长做加法。

像定位科技领先的索尼即使在组织体育公共关系活动时,也一定要组织具有技术含量、能体现其技术水平的公共关系活动。从蒙牛神舟五号公共关系策划来看,蒙牛人明白这个道理。

我们知道,品牌是企业内在属性在外部的综合表现,所以品牌留给消费者的印象决定了消费者对品牌可能给予自己的价值的判断,比如消费者倾向于认为印象较好的品牌带给自己的价值可能高于其他的竞争品牌,这个很好理解。

那么,2003 年时蒙牛的产品优势是什么? 对一般消费者而言,印象最深的莫过于奶源的优势,蒙牛出自茫茫内蒙古草原,远离污染,贴近自然,其液态奶尤其鲜奶自然让人放心。

但实际上,蒙牛的优势不仅仅是这些,它在让消费者放心的基础上还有着更科学的工艺配方,不仅保证了口味、卫生,更保证了人们喝奶时最希望获得的营养和健康。国内目前推广学生奶并提倡全民喝奶,首先就是为了民众的健康。所以,从蒙牛 2003 年发布的各种类型广告的主题诉求来看,其"健康是强国之路"的品牌主张,在"举起你的右手,为中国喝彩"的情感诉求中不但没有削弱,反而通过老、青、童三代不同的形象表现,更加直接地、全面地进入民众的日常生活,建立起一个鲜明的"健康奶"的品牌印象,无形中拉大自己与其他竞争品牌可给予消费者的价值感的距离。

精髓二——始终紧抓转瞬即逝的市场机会

相信细心的人会从电视广告中发现,在蒙牛的神舟五号公共关系活动后突然冒出了许多以神舟五号或航天员为素材的广告,笔者无意影射其跟风之嫌,只是想借此证明在对机会的把握上,蒙牛人是相对优秀的,因为他们深切懂得机会是公共关系活动的基础,没有好的机会就无法承载较高的营销目标或品牌期望。

之所以说他们深切懂得,是因为他们知道机会既来自于市场,也来自于创新。有人说,市场上每天都有抛给我们的"绣球",只是我们没有觉察、没有去接,先于我们去接的人便有了更多的机会。那么,"绣球"都是什么模样? 通常有以下几种:

1. 社会重大事件。

包括政治的、体育的、文化的、经济的等等,都是企业可以利用的机会,比如:海尔的小康列车巡展活动就是抓住十六大提出"全面建设小康社会”这一重大事件而实施的;一家外国公司借一群鸽子意外借宿其办公楼,而成功进行企业“爱护动物”的形象宣传。

2. 技术的创新成果。

比如有名的“人机对抗”,即国际象棋世界冠军卡斯帕罗夫与 IBM 的“深蓝”计算机进行决战的公共关系活动,就是 IBM 在成功研发出每秒可分析 2 亿步棋、技术领先于同行时策划实施的。

3. 同行的某种公众行为。

任何人都可能创造奇迹,更何况企业。自己无法创造机会,那就盯着同行寻找机会。1999 年,海信网络机顶盒上市公共关系策划就是这样一个典型的案例。1999 年微软在我国推出“维纳斯计划”却迟迟未有产品上市,海信首先推出网络机顶盒产品,成为“维纳斯计划”雷声中的第一滴雨,迅速成为媒体追捧的对象,形成了一股“海信热”,海信因此在品牌与市场上双丰收。

要辨清以上三种模样,企业关键要磨炼敏锐的眼光,即能在半满的杯子中第一个看到半个空杯而非半杯水,其次就是建立一种对市场机会的快速反应机制,用以弥补个人捕捉能力的不足,毕竟用一群人去找目标总是要比一个人找来得快。

所谓来自于创新的机会,就是要靠企业自己去发掘、创造,比如现在市场上多见的“××节”“××秀”等,就是企业创新的一种表现。蒙牛在这方面的表现则显得技高一筹。

为了神舟五号飞天这样一个在别人眼里“很突然”的机会,蒙牛早在 2002 年上半年,就与中国航天基金会进行接触。由于中国航天基金会对合作伙伴的挑选要求十分严格,如必须是民族企业、必须是中国驰名商标、必须是行业领导性企业、必须同航天精神相关联等,通过数次严格的对公司的奶源、生产设备、市场流通等环节的考察、调研,与多次物理、化学、微生物学的分析,蒙牛于 2003 年初成为中国航天基金会首家合作伙伴,这个时候距离神舟五号飞天还有半年时间,最主要的是飞天能否成功尚无人完全知晓。所以说,蒙牛成功的第二个理由是它始终在寻找可供自己利用的市场机会。

精髓三——坚持感性路线和理性路线完美结合

前面说过,公共关系在营销中的真正含义应该是“既沟通又销售”,即

“公关=沟通+销售”，其中沟通重在感性认知，偏于品牌的树立，而销售则注重市场结果，偏于销量的实现，所以说公共关系始终要感性与理性相结合，两者缺一不可。而这一点在蒙牛的神舟五号公共关系策划中同样是表现得恰如其分。

1. 关注感性认知。

蒙牛注意到因为这是我们第一次载人航天飞船的成功发射，所以国人的民族荣耀感和自信心空前高涨，这时候说什么都不如喝一声彩来得过瘾，又能显出声音，所以，蒙牛以感性诉求的手法喊出“举起你的右手，为中国喝彩”，迅速引发共鸣，拉近了与消费者的感情，使品牌在第一时间得到大家的认同，达到了最初树立品牌形象的目的。

2. 关注市场结果。

营销人都知道消费者与企业感情好但不消费等于白搭的道理，所以蒙牛在此公共关系影响力迅速遍及全国的同时，在自己的产品广告和卖场促销活动中及时补充“神舟五号”“宇航员”等要素，并推出有诱惑力的买赠活动，使得公共关系形成的品牌势能转化为销售动能，保证了公共关系促进销量提升的深层次目标的实现。

总之，只要我们坚持感性路线和理性路线完美结合，公共关系活动就会为企业赢得更多的东西。

精髓四——清醒认识执行是保证公共关系成功的关键

与企业管理中的其他职能兑现一样，公共关系的营销力就是公共关系的策划力与执行力的综合匹配，即“公共关系营销力=公共关系策划力×公共关系执行力”。再好的公共关系构思，一旦遭遇很差的执行，结果也不会令人满意。

分析：公共关系是塑造形象的艺术，“造势”“借势”就是公共关系最常用、最容易见效的艺术手法之一，“好风凭借力，送我上青天”，“蒙牛”的成功就是最好的注释。同时，好的策划需要完美的执行，执行力的提升是成功的保证。

复习思考题

1. 如何完整、全面、准确地表述公共关系的含义？
2. 你所在的区域有没有对公共关系的误解现象？试加以评析。
3. 如何界定公共关系与人际关系及庸俗关系？

第二章 公共关系的起源与发展

一、教学目的

了解:公共关系作为一种客现存在的社会关系和一种思想与活动方式源远流长。现代公共关系是社会经济、人类社会制度和科学技术发展到一定水平的产物。

掌握主要知识点:公共关系的起源;现代公共关系发展的历史阶段;现代公共关系产生的原因;现代公共关系在世界的发展状况;中国公共关系发展中的问题与对策。

二、教学重点与难点

1. 古代公共关系的特点。

2. 现代公共关系发展的历史阶段:愚弄公众时期;单向灌输观念时期;“投公众所好”时期;“双向对称”时期。

3. 现代公共关系产生的原因。

4. 公共关系在世界的发展状况。

5. 中国公共关系发展中的问题与对策。

6. 中国未来公共关系的发展与展望。

第一节　公共关系的起源

公共关系作为一门独立的学科出现于20世纪初的美国。但是,公共关系作为一种客观存在的社会关系和一种思想与活动方式却源远流长。早在古代文明时期,人类为了协调各个利益主体之间的关系,便已有了不自觉的、类似的公共关系活动。

一、公共关系孕育时期

(一)国外状况

考古学家发现,早在公元前1800年,古巴比伦王国就有了农场公告,很像现在农业机构发布的农业公告。

在古埃及,许多古代艺术家和古代文学家都极力赞美国王、祭司、贵族、文人。

古罗马时代恺撒大帝利用宣传振奋人心,以获取民众的支持。

这些活动中都找得到现代公共关系的雏形。

(二)国内状况

古老的中国在政治、军事、商业活动中早已有了公共关系活动的早期形态,如古代提出的"仁政"、采用的说服术等等。

(三)古代国外与国内公共关系思想的不同点

国外:自身处在主动、积极、求实的位置上;注重效益与实用性;传播手段多样。

国内:关系主体处理事物的精华部分仍指导现代公共关系,如孔孟之道,客观上形成了以和为贵的关系处理体系,但缺乏具体操作规范和方法,偏重政治、军事、道德,没有涉及经济。

二、古代公共关系的特点

(一)古代的公共关系带有浓厚的功利性。

(二)古代的公共关系属于较为盲目地、被动地进行的原始状态的公共关系,多是本能的自发行为,没有明确的公共关系意识。

(三)古代的公共关系与其他活动交织在一起,没有单独分化出来。

(四)古代的公共关系不涉及经济。

【案例】子产不毁乡校

春秋时期,郑国人喜欢聚集在地方上的学校里,七嘴八舌地议论国家主政的官员。

大夫然明对丞相子产说:"下道命令,把学校毁了,不让他们聚集议论,以免生是非,可不可以呢?"

子产说道:"为什么要这样做? 那些人干完活儿聚集在一起休息谈笑,议论我们把国家治理得好坏。他们肯定的,我们就努力去做;他们讨厌的,我们就马上改正。他们是我们的老师啊。为什么要打击他们呢?我只听说忠诚为善可以减少怨恨,没有听说倚仗权势就能防止怨恨。倚仗权势不能止住怨恨,就会像河水决口,我就无法救治了。所以,不如开个小口导流,让人们的怨恨有发泄渠道,我就能从容地听从并改正了。"

然明被子产的话折服了。弱小的郑国也在子产的开明治理下,出现了政通人和的气象。

分析:这个故事包含着典型的公共关系思想。

第二节　现代公共关系的产生

一、现代公共关系发展的历史阶段

(一)愚弄公众时期

19 世纪 30 年代,美国不少公司和财团雇用专门人员炮制煽动性新闻,当时最具代表性的人物就是菲尼尔斯·巴纳姆。他是一家马戏团的老板,利用报纸编造奇谈怪论,为自己的马戏团制造过不少"神话"。

代表人物:菲尼尔斯·巴纳姆

观念:凡宣传皆好事

出发点:提高知名度

传播原则:愚弄公众

方法:编造新闻

特点:片面追求知名度,编造奇谈怪论

目标:利用公众

(二)单向灌输观念时期

19世纪末,是资本主义巨商和垄断资本家横行的时代。1903年,美国著名记者艾维·李开办了一家正式的公共关系事务所。"公众必须被告知"和"说真话"是他在《原则宣言》中总结出来的主张。

代表人物:艾维·李

观念:"公众必须被告知"和"说真话"

出发点:讲真话,协调社会关系,引导公众

传播原则:门户开放策略(向公众提供迅速而准确的信息)

方法:公开提供客观的新闻材料,提供收费的公共关系服务

特点:有艺术无科学

目标:实现社会组织与社会公众之间的对话

(三)"投公众所好"时期

真正为公共关系奠定了理论基础,使现代公共关系科学化的,是美国著名的公共关系顾问爱德华·伯内斯。

1923年他出版了著作《舆论明鉴》,这本书被视为公共关系发展史上的里程碑。1925年他编写了《公共关系学》,1928年编写了《舆论》。

代表人物:爱德华·伯内斯

观念:公共关系理论与实践并重

出发点:详尽阐述了"公共关系咨询"的内涵

传播原则:用公共关系活动成功地帮助需求者塑造良好的社会形象

方法:把公共关系学理论从新闻领域中分离出来

特点:对公共关系理论与方法进行系统研究,使之系统化、完整化

目标:使公共关系最终成为一门独立完整的新兴学科

(四)“双向对称”时期

20世纪50年代,公共关系的实践和理论研究进入了一个新的发展时期,公共关系已经作为一门世界性的行业独立存在。

斯科特·卡特李普和阿伦·森特提出了一种公共关系新模式,即“双向对称”模式,这种模式的公共关系思想集中反映在他们编写的《有效的公共关系》中。

代表人物:斯科特·卡特李普和阿伦·森特

观念:公共关系正式进入科学化阶段

传播原则:提出开放系统的“双向对称”公共关系模式

方法:坚持组织与公众之间的相互传播沟通

特点:将组织和公众的利益置于同等重要的位置

目标:培养公共关系学士及硕士

二、现代公共关系的产生原因

(一)政治气候——从专制到民主

从人类社会制度发展看,公共关系的产生是社会民主化发展的必然产物。人类社会在数千年的漫长发展过程中,多数时间实行的是封建主或宗教主的专制统治。在这种制度下,君主拥有无上的权威,君主便是国家,君令便是法律,生杀予夺全凭君主的喜怒哀乐。从根本上讲,在封建专制制度下不可能也不允许发展真正的公共关系。

文艺复兴和宗教改革,使欧洲从长达数千年的愚昧宗教统治的“黑暗时代”中解放出来。随着经济关系的变化,资本主义的民主政体代替了封建专制政体。虽然资本主义的民主制度仍存在着虚伪的一面,但比起专制的封建制度来毕竟是大有进步。政党要执政就得想办法争取社会舆论和选民的支持,就得靠竞选的胜利。即使当政,还应千方百计与选民保持

良好的关系。在这一社会民主化的过程中,公民的参与意识不断提高,对各种社会重大问题,特别是关系到自己切身利益的问题,公民都要通过各种渠道来表达自己的意见。在这种情况下,公众的意愿第一次成为竞争者和执政者不能不加以认真考虑的问题。如何才能有效地与民众进行沟通,建立良好的关系,成为资产阶级政府、政党及各利益集团所面临的新问题。长期以来公共关系也一直成为各种政治变革、权力斗争的工具。

(二)经济土壤——从卖方市场到买方市场

在农业社会里,其经济模式是一种自给自足的封闭的小生产模式,其生产组织方式是以一家一户为基本单位。人与人之间主要是靠血缘、地缘、人缘关系维系,靠传统的伦理观念和义务维系。

直至资本主义社会前期,大工业尚不十分发达,受经济水平限制,人们的社会联系仍是相当狭隘的,商品交换基本上用不着广为宣传,更没有必要花大力气去开展公共关系活动。

随着时代发展,特别是工业革命之后,经济突飞猛进地发展,工业社会代替了农业社会。大工业的市场经济突破了时空和血亲的局限,形成以市场为轴心的极广泛的社会分工协作。任何社会组织均需得到社会广泛承认,获得社会整体的支持才能生存和发展。所以市场经济需要公共关系。

在市场经济的发展过程中,市场经历了由"卖方市场"向"买方市场"的逐步转变。在买方市场条件下,消费者具有更多的优势,可以根据销售者的产品质量、价格、服务、品牌以及人情关系等条件,灵活地决定向哪一个"卖家"购买所需商品。为此,必须发展良好的相互感情关系方能更有效地维护交换关系,维持市场发展。这样,构建公共关系,增进相互了解与感情,提升组织形象和声誉就显得越来越迫切和重要。因此在市场经济的背景下,能否与市场对接,能否争取顾客、赢得市场、获取广大公众支持,成为企业生死攸关的课题,这一课题直接促成公共关系的兴起。

(三)文化氛围——从理性到人性

美国是世界上少有的移民国家,几乎没有历史传统包袱。美国文化体系中有三个突出的特点:个人主义、英雄主义、理性主义。个人主义使美国人富于自由浪漫的色彩。英雄主义使美国人崇拜巨头伟业,富于竞争精神。理性主义使他们注重缜密的法规,崇尚教条、数据和实效。理性主义的管理模式将人视为机器的一部分,强调严格的操作程序,颠倒了人与机器的关系。这种管理虽然短期内取得了显赫的高效率,但同时也促使阶级矛盾与劳资矛盾日益尖锐、激化,孕育着社会危机和动荡不安。

正是严峻的现实使人们逐渐认识到纯理性文化的局限,人文主义重新抬头,在管理中注重人性、注重个人和群体的文化精神的理念迅速获得人们的认同。这种尊重人性、尊重个人感情和尊严,人文的、开放的、人性化的文化,正是公共关系得以产生的精神源泉。

(四)技术力量——超越时空的传播技术

随着经济发展和政治变革,人们的交往空间不断扩大,人们需要了解的信息也越来越多。为适应这种需要,信息传播技术,特别是大众传播技术迅速发展起来,各种信息在瞬间即可传遍世界各地,使整个世界变得如同一个村落。这种"地球村"的发展趋势,使一个多空间、多层次、多元化的传播体制逐渐在全世界形成,使言论自由、新闻自由的理想能进一步实现,使社会舆论、公众意见越来越具有影响力。政府和企业不考虑公众意愿的管理方法已行不通。由此可见,传播技术和与传播有关的信息通信技术的出现和发展为现代公共关系的形成与发展提供了重要的物质技术支持。

第三节　现代公共关系在世界的发展状况

一、公共关系在世界的发展状况

(一)美国公共关系的发展

1. 美国公共关系教育逐渐普及。
2. 美国的各种公共关系协会纷纷成立。
3. 公共关系职业化程度越来越高,公共关系机构和从业人员数量迅速增加,公共关系机构和从业人员发展非常快。

(二)欧洲公共关系的发展

1926年,英国成立了皇家营销部。1948年,全国性的公共关系协会在英国伦敦宣告成立。

1940年,公共关系传入加拿大。

第二次世界大战后,公共关系在欧洲国家迅速流行。1946年,法国的大公司开始应用公共关系,同年荷兰出现了首批公共关系事务所。20世纪50年代初,芬兰、意大利等国家相继成立公共关系协会。

20世纪50年代初期及中期,中美洲、南美洲、澳大利亚、新西兰和南非等国家和地区,都有了公共关系顾问等职务。

(三)亚洲公共关系的发展

公共关系在亚洲的兴起比较晚,公共关系大约是在20世纪60年代伴随着日本以及其他东南亚国家和地区经济的飞速发展而被引入的。

1964年,日本公共关系协会成立。

1987年,中国公共关系协会成立。

1991年,中国国际公共关系协会成立。

【案例】日本精工表竞争奥运会正式计时器的公共关系活动

1964年东京奥运会结束后不久,曾有日本人访问罗马。在一家餐厅里,当侍者看到这位日本人手腕上戴的是瑞士产品时,竟疑惑地问:"您真的是日本人吗?"侍者诧异于日本人竟然没戴在东京奥运会上叱咤风云的国粹——精工表。

侍者的态度不仅反映了公众对精工表的评价,也正说明精工舍借助奥运会开展的公共关系活动的成功。从某种意义上讲,这也是对该公司公共关系活动效果的最好评价。精工舍的公共关系计划是如何实施的呢?

精心策划　运筹帷幄

功夫不负有心人。精工表饮誉东京奥运会,其公共关系战略却要追溯到4年前,当奥运会宣布将在东京举行时,日本主办单位决定的第一件事,就是将大会的计时装置(几乎全部是瑞士产品)替换为日本产品。当东京奥运会决定使用日本国产表后,奥委会的一些人士曾深感不安,唯恐发生故障使大会难堪。

日本精工舍决心消除人们的种种顾虑,制订了公共关系计划,让全世界的人都了解精工的计时装置是世界一流的产品,确立以"荣获全世界的信赖"为公共关系目标,以"精工——世界的计时表"为公共关系活动的主题。为此,精工舍着手制订并实施了一项长达4年之久的整体计划,开始了一场史无前例的公共关系活动。

巧妙实施　逐层推进

首先,精工舍派遣本企业的公共关系人员到罗马奥运会,进行计时装置使用情况的调查。根据调查结果,决定产品开发的程序,拟定全盘公共关系计划。同时,各公司也开始进行多种多样的计时装置技术开发工作。随着计时装置开发工作的顺利进行,精工舍的公共关系计划也已策划成熟。调查研究工作结束之后,整个公共关系计划便分为三个阶段实施。

第一阶段主要是全力以赴地开发计时装置技术并同时说服主办单位使用该企业的产品。另外,会场的布置也需要征得日本国立竞技场和政府的认可。精工舍一方面积极从事游说工作,另一方面将新开发的计时装置提供给日本国内举办的各种运动会作为实验之用,其目的是向各委员会证明精工技术的可信度。真诚努力终结硕果,奥委会于1963年5月正式决定东京奥运会全部使用精工计时装置。

第二阶段,在改进技术的同时,展开了以"精工的竞技计时表将被用于东京奥运会"为主题的公共关系活动。为了在世界范围内大造舆论,精工舍准备了奥运会预备会上所需的宣传手册,广告宣传也紧锣密鼓地开展。

进入奥运会前的第三阶段,公共关系的各种计划先后付诸实施,报纸、广播、电视等在报道与奥运会有关的消息时,都或多或少地涉及精工表,从而造成了"东京奥运会必须使用精工计时装置"的舆论。

由于精工计时装置与奥运会完美结合,公共关系活动收到了奇效。当体育场馆内比赛大厅的竞技计时装置安装完成后举行盛大的落成典礼时,精工舍的技术被夸耀为日本科学的精华、无与伦比的结晶,"精工——世界的计时表"这一目标终于实现了。

精工舍为这次长达4年的公共关系战役投下的资本是:85名技术员、

890 名作业员以及数百亿日元的财富。然而,公共关系成功的最好例证便是开篇的故事,在罗马人眼里,精工表可以与瑞士表媲美。这足以说明精工舍此项公共关系活动的效果。

分析:精工舍的成功不仅因为有大胆和精细的公共关系计划,更重要的是围绕公共关系目标扎扎实实地加以实施。

二、国际性公共关系组织的成立

1955 年,国际公共关系协会(IPRA)在英国伦敦成立。

1959 年,泛美公共关系协会联盟在墨西哥城成立,美国和大多数的拉丁美洲国家的代表出席了大会。

1961 年,国际公共关系协会在维也纳召开的第二届世界大会制定并通过了《国际公共关系行为规则》。

1965 年,国际公共关系协会在希腊雅典召开的第三届世界大会,又通过了《国际公共关系协会世界大会行为规则》。

1967 年,泛亚太平洋地区公共关系联盟于夏威夷檀香山成立。

1975 年,在国际公共关系协会的赞助下,在肯尼亚首都内罗毕举行了第一届全非公共关系工作会议。

1978 年,在墨西哥世界大会上通过的《墨西哥宣言》,对公共关系职业规范化和交流都起了积极的推动作用。

国际公共关系协会设立“金纸奖”和“总统奖”,出版了不定期的《国际公共关系协会通讯》和季刊《国际公共关系协会评论》。

第四节　现代公共关系在中国的兴起和发展

一、中国公共关系的发展历程

现代公共关系思想和公共关系实践进入中国,应以 20 世纪 50 年代公共关系登陆中国台湾地区为发端。到 20 世纪 80 年代初才开始全面引进公共关系。因为它适应了市场经济的需要,所以获得了迅速的发展。

20世纪50年代,公共关系开始传入我国的台湾。

20世纪80年代,海外的公共关系首先在深圳、珠海以及广州传播开来。此后,北京、上海等大城市的一些合资企业也相继开展公共关系活动,成立了公共关系机构。与此同时,国际公共关系公司趁我们改革开放的热潮,陆续进入我们的市场。

1984年底,美国希尔·诺顿公共关系公司以及博雅公共关系公司先后在我国北京设立了办事处,从而使我国公共关系事业与国际公共关系事业同步运行起来了。

公共关系成为我国劳动市场准入的新岗位之一。

从1985年起,国内的大学开始设置公共关系学课程和相关专业。

1986年,逐步建立起各省市的公共关系社团组织。

1987年,在北京成立了中国公共关系协会,标志着公共关系在国内得到正式的确认和接受。相关网站见图2-1。

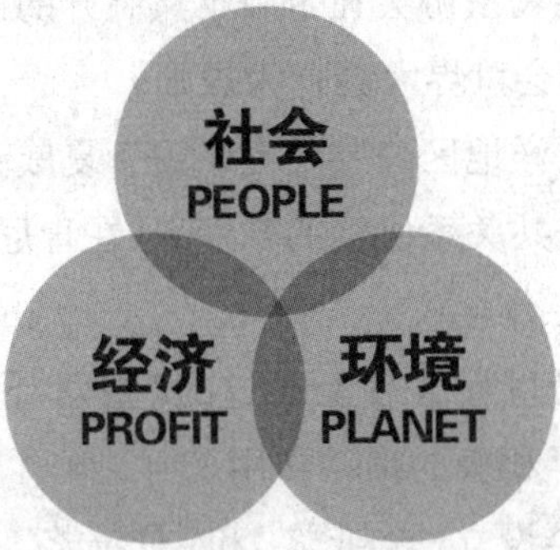

图2-1 中国公共关系协会网站

1999年后,我国劳动和人事部门将公共关系岗位纳入岗位规范指导之中。中国公共关系界在2004年以“公关百年·中国成就”为主题成功举办“中国公关节”,纪念世界公共关系业100周年诞辰。

二、中国公共关系发展中的问题

(一)社会公众对公共关系的认识还存在很多误区。

(二)本地公共关系公司的专业化水平、服务品质与国际公共关系公司仍存在较大差距。

（三）高素质公共关系人才的严重缺乏制约了中国公共关系业的迅速发展。

（四）宣扬传播不够，百姓无人喝彩。

三、中国公共关系发展的几点对策

（一）政府有关部门应该率先建立公共关系意识，要在宏观上加强指导。

（二）对已经正式列入国家职业分类大典的公共关系职业，应该采取行之有效的具体措施进行管理。

（三）让社会公众真正了解、认识什么是公共关系，让公共关系成为一种大众文化、一种科学理念、一种流行时尚、一种实践活动。

（四）对公共关系的各种类型、各个层次的培训要专业化、经常化、科学化、规范化、实用化。

（五）应不断吸收国外已经成功的经验，引进其先进的、科学的公共关系理论，借鉴其成功的、有效的公共关系实务经验，同时不断挖掘中国古代优秀的公共关系思想萌芽和传统文化中与公共关系相关的精华，土洋结合，打造出科学的、实用的、可操作的、有效的中国公共关系业。

四、中国未来公共关系的发展与展望

（一）公共关系市场国际化。

（二）公共关系实务专业化。

（三）公共关系手段高科技化。

（四）公共关系地位战略化。

（五）公共关系人才竞争白热化，行业自律更完善。

第三章 公共关系主体、机构与从业人员

一、教学目的

了解:公共关系主体是社会组织。公共关系机构是专业从事公共关系的组织机构,代理着特定组织的公共关系工作。公共关系人员应具备自信、热情、开放的职业心理。健全的知识结构不仅是公共关系人员基本素质的重要组成部分,而且是创造性地开展公共关系工作的保证。

掌握主要知识点:公共关系主体的特征;公共关系主体的类型;公共关系部的类型;公共关系公司的经营范围;公共关系意识;公共关系人员的心理素质;公共关系人员的知识结构和能力结构。

二、教学重点与难点

1. 公共关系主体的类型。
2. 公共关系部的类型与职能地位。
3. 公共关系公司的经营范围。
4. 公共关系意识。
5. 公共关系人员的心理素质。
6. 公共关系人员的知识结构和能力结构。

第一节 公共关系主体

一、公共关系主体的含义及特征

(一)公共关系主体的含义

公共关系是由社会组织、公众和传播三种基本要素构成的。社会组织是公共关系的主体,公众是公共关系的客体或对象,传播则是连接社会组织与公众或主体与客体的桥梁。

作为公共关系活动主体的社会组织指的是建立在共同目标基础上,按照特定结构及运行方式,履行一定的社会职能,具有相对独立性的一种共同活动群体。

公共关系活动的示意图可见图3-1。

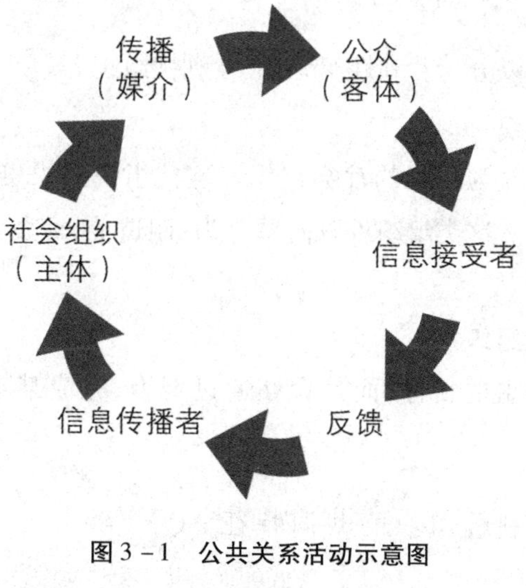

图3-1 公共关系活动示意图

(二)公共关系主体的特征

1. 目标性

社会组织的生存和发展都是为了达到某个特定的目标。

2. 系统整体性

社会组织内部的各个部门、各个环节、各个成员之间都是按一定的规章制度建立起来的相互依存、相互制约的关系。

3. 环境适应性

环境的变动是绝对的,一个组织要有适应环境的能力。

4. 独立性

每一个组织都是相对独立的群体,它可以用自己的名义单独对内或对外开展多种经济的或文化的活动。

二、公共关系主体的类型

(一)根据社会职能分

社会组织可以分为经济组织、文化组织和政治组织。

(二)根据目标特点分

社会组织可以分为营利性组织、非营利性组织等。

1. 营利性组织

以组织的利益为目标的社会组织。这类组织讲求资本的投入生产,讲求利润的回报。这类组织可以简单分为:制造业、商贸业、旅游业、交通运输业。

2. 非营利性组织

不以营利为主要目标,而是旨在通过努力,完成某项事业或使命的组织。

(三)非营利性组织的共同特征

1. 组织性

都是一种机构性实体。

2. 独立性

自我管理和控制自身活动的组织。

3. 自愿性

团体成员(会员)自愿参与。

4. 不分配利润

主要指不能把利润分配给那些管理和经营这个行业的成员或会员。

(四)非营利性组织进行公共关系的目的

1. 使组织的使命得到认可。
2. 建立起组织与公众沟通的渠道。
3. 创造和保持筹集组织活动经费的有利环境。
4. 推动有利于组织使命的政策的制定和施行。
5. 告知和动员组织的关键成员(如雇员、志愿者、委托人)。

三、社会组织的公共关系目标

公共关系必然服从和服务于社会组织的总目标。这就决定了公共关系的工作目标在其与社会组织总目标的关系中处于从属地位。公共关系工作的一般目标是:

①当社会组织的形象发生恶性变化时,尽可能地促使它朝相反的方向转化,至少要阻止它继续恶化。

②当社会组织的形象产生良性变化时,保持它的发展趋势并进一步把它引向深入。

③在社会组织的形象比较模糊时,尽可能建立起一个清晰的良好形象。

【案例】**强生公司的危机公关**[①]

美国强生公司因成功处理泰诺中毒事件赢得了公众和舆论的广泛同情,在危机管理历史中被传为佳话。

1982 年 9 月,美国芝加哥地区发生有人服用含氰化物的泰诺药品中毒死亡的严重事故,一开始死亡人数只有 3 人,后来却传说全美各地死亡人数多达 250 人。其影响迅速扩散到全国各地,调查显示,有 94% 的消费

① 强生公司的危机公关。https://wenku.baidu.com/view/7b5fbf1efc4ffe473368ab30.html。

者知道泰诺中毒事件。

事件发生后，在首席执行官吉姆·博克(Jim Burke)的领导下，强生公司迅速采取了一系列有效措施。首先，强生公司立即抽调大批人马对所有药品进行检验。公司各部门的联合调查发现，在全部药物中，所有受污染的药品只源于一批药，总计不超过75粒，并且全部在芝加哥地区，不会对全美其他地区有丝毫影响，最终的死亡人数也确定为7人，但强生公司仍然按照公司最高危机方案原则，即"在遇到危机时，公司应首先考虑公众和消费者利益"，不惜花巨资在最短时间内向各大药店收回了所有的数百万瓶这种药，并花几十万美元向有关的医生、医院和经销商发出警报。

对此《华尔街日报》报道说：强生公司选择了一种自己承担巨大损失而使他人免受伤害的做法。如果昧着良心干，强生将会遇到很大的麻烦。泰诺案例成功的关键是强生公司有一个"做最坏打算的危机管理方案"。该方案的重点是首先考虑公众和消费者利益，这一信条最终拯救了强生公司的信誉。事故发生前，泰诺在美国成人止痛药市场中占有较大份额，年销售额高达数亿美元，占强生公司总利润的15%。事故发生后，泰诺的市场份额曾一度下降。当强生公司得知事态已稳定，并且向药片投毒的人已被拘留时，并没有马上将产品投入市场。当时美国政府和芝加哥等地的地方政府正在制定新的药品安全法，要求药品生产企业采用"无污染包装"。强生公司看准了这一机会，立即率先响应新规定，结果在价值十几亿美元的止痛药市场上挤走了它的竞争对手，仅用几个月的时间就夺回了原市场份额的70%。

分析：强生公司处理这一危机的做法成功地向公众传达了企业的社会责任感，受到了消费者的欢迎和认可。强生公司还因此获得了美国公共关系协会颁发的银砧奖。原本一场"灭顶之灾"竟然奇迹般地为强生公司迎来了更高的声誉，这归功于强生公司在危机管理中高超的技巧。

【案例】由食品危机事件谈危机公关

2001年9月3日，某食品企业"陈年馅料做新月饼"的行为被新闻媒体公之于世。新闻一出，世人哗然，想不到有近百年历史的老字号却会采用如此手段来欺骗、蒙蔽消费者，据此推想下去，中国市场上信得过的月饼品牌又有几个呢？于是，消费者犹豫了，月饼市场萧条了，但是受到伤害最严重的似乎还是事故的始作俑者——该食品企业，面对突如其来的危机,他们慌张失措,招架不及,等待他们的除了官司之外,似乎只有关门大吉的命运了。

该企业遭遇这场危机的原因从根本上说是其产品质量确实存在严重问题,他们欺骗了消费者。但是,从危机公关的角度来看,在事件突发时刻,该企业面前还是有把握自己命运的最后机会的。遗憾的是,企业的管理者缺乏起码的危机公关意识,企业中更找不到一份像样的危机公关计划,这使得他们错过了最后的机会。

分析:在危机发生之后,企业管理者在处理危机的过程中,或者说是消极地对待危机的过程中,犯了几个基本的错误。

1. 公共关系沟通失败。在危机发生之后,企业的管理者无一例外地选择了沉默。据报道,从9月3日,即新闻曝光的当天下午1点开始,记者就与该企业联系,要求进行采访,但该企业的电话一直占线。记者最先打通的是该企业业务部的电话,但接电话的人在得知记者的采访意图后,以业务忙为由,拒绝对此事进行评论,当记者再次拨通该企业办公室电话时,接电话的女士也以公司领导有事要处理,无暇接受采访为由,拒绝了记者的请求。从这样一段小小的报道中我们可以看出该企业没能在危机发生的第一时间就站出来表明态度,而且这种“信息真空”的状况持续了近一周之久,直到9月10日,才有一份“致广大消费者的公开信”。由此不难得出这样的结论:企业管理者的沉默与逃避进一步加剧了危机。

但“反应迟钝”还不是该企业公共关系沟通失败的全部原因。除此之外,他们还忽略了与媒体、员工和公众进行沟通的必要。

在旧馅月饼被曝光之后,该企业一直处在与媒体对立的位置。他们似乎只是将媒体视作“仇敌”,叫嚣着要将其中一些送上法庭,而没能主动与媒体联系,争取媒体的支持与同情,以至于全国的媒体清一色地充斥着对该企业不利的消息。媒体最主要的作用就在于引导舆论,所以,站在媒体对立面的该企业,也就必然站在了公众的对立面。在“公开信”中,该企业一直在呼唤公众的支持和理解,但是如果得不到媒体的支持,找不到将正面信息向外传播的渠道的话,这一切就只能是徒劳了。

同样,该企业对其员工也采取了不闻不问的态度,没有人向员工说明公司目前的处境、将来的打算以及面对危机他们应该做些什么、应该怎样做。员工等来的只有放假到10月底的停工通知,以及不知是否属实的公司即将解散的消息。公司的这种做法在每个员工心中都投下了“大难临头各自飞”的阴影。正是这种对未来的惶恐,使得员工们丧失了与公司共渡难关的决心,以至于报纸上不断出现一些该企业员工自曝家丑的新闻。这导致了该企业一波未平一波又起,没有丝毫喘息的机会。

2. 公共关系角度错误。9 月 10 日的“致广大消费者的公开信”是该企业针对此次危机公开发表的第一份书面材料。但这样一封公开信,却被他们写成了“诉苦书”“陈冤信”。在信中,该企业矢口否认自己曾用去年的旧馅生产月饼,但是又拿不出任何证据来证明这一点,于是,信中的大多数地方对旧馅的概念进行偷换,将其辩驳的重点放到了“霉变”上,并拿出当地卫生部门的检测报告来证明他们的月饼绝大多数都是合格的。但是这种偷梁换柱的手法,却让消费者坚信该企业使用了陈年旧馅这一事实,于是,聪明的消费者不禁要反问:难道旧馅没有霉变就可以用作新月饼的原料吗?除此之外,“公开信”还不断强调“旧馅月饼”在月饼行业内是一个人所共知的事实,那么消费者不禁又要问:难道别人都犯错,你就可以也跟着犯错吗?由此可见,该企业的公共关系活动找错了角度。在危机出现之后,该企业始终站在自身的角度上来看待问题,不能正视自己的错误,一味地想推卸责任,这使他们的整封信读来都缺少“诚信”的感觉,再加上信中多处提及企业的功绩与历史,却丝毫不谈抱歉或懊悔,这让人不由自主地感到这是老字号在“倚老卖老”,以至于公众更加怀疑该企业的诚意。

其实对消费者而言,只要该企业拿不出强有力的证据证明它是无辜的,那么它的辩解就都是苍白无力的,也是没有必要的。消费者真正想要看到的是他们坦承错误,积极挽救,以及对未来郑重地承诺。该企业如果能站在消费者的角度考虑的话,也许能在一定程度上缓和与公众对立的局面。

3. 公共关系措施不力。确切地说,该企业并没有采取什么目标明确、计划完备的公共关系措施来应对危机。后来,当该企业月饼重上柜台时,月饼的旁边也只是多了一份卫生部门的检测报告而已。这显然是不够的,一份检测报告并不足以让消费者找回对产品的信心。消费者希望看到更加实际、更加富有诚意的行动,比如全面回收旧月饼、请权威人士或机构发表讲话、公开事实等等。该企业的消极态度令公众彻底失望了。

四、社会组织的新形态:社会性个人

公共关系的主体除“社会组织”之外,必然还包括代表社会组织形象和作为社会组织形象一部分的个人。这些人已经不再是代表自然人的个体本身,而变成了可对社会组织形象产生重大影响的“社会性个人”。社会性个人就是那些能够代表组织形象或者能够给组织形象以重大影响的人物,如公众人物等。

第二节　公共关系机构

公共关系机构是专业从事公共关系工作的组织机构,代理着特定组织的公共关系工作,其实质是公共关系的实施主体。

现有的公共关系机构主要分为两类:一类是社会组织内部设立的公共关系部;另一类是专门承接公共关系委托业务,代理其他社会组织公共关系业务的服务性机构,即公共关系公司。

一、公共关系部

公共关系部是社会组织内部为处理、协调、发展本组织与社会公众和企业内部公众关系而设立的,由专职人员所组成的,贯彻组织的公共关系思想、开展公共关系活动的专业管理职能机构。

(一)工作内容

各社会组织越来越重视公共关系部的作用,公共关系部担任着大量的工作,具体概括起来有:

1. 举办或参加专题活动

包括举办新闻发布会、展览会,策划和组织纪念活动等。

2. 对外联络协调工作

包括与新闻界和社会各界人士的联系,组织安排本组织参与外界有关活动等。

3. 编辑出版工作

包据编写月底、年度报告和各种宣传资料，出版内部刊物，制作新闻图片、视频、幻灯片和企业标志等。

4. 调研工作

包括民意调查、报刊检索、市场分析、资料整理等。

5. 礼宾接待工作

包括定期接待、日常接待等。

6. 参与社会组织的决策

如表明对新产品开发与宣传的意见、建议。

7. 对内协调工作

如加强供、产、销各部门间的信息沟通与合作。

（二）职能地位

公共关系部的职能地位主要有：

1. 信息采集存储中心。
2. 对外宣传中心。
3. 环境监测中心。
4. 趋势预测中心。
5. 公众接待中心。
6. 全员公关意识培训中心。

（三）设置原则

公共关系部的设置原则主要有：

1. 精简原则。
2. 自动调节的原则。
3. 专业性原则。
4. 整体协调性原则。
5. 服务性原则。
6. 针对性原则。
7. 有效性原则。

(四)公共关系部的优势

1. 了解内情,能有的放矢,切合实际。

2. 便于协调,能直接接受最高领导层的指导,随时开展调整和协调工作。

3. 服务及时,能"招之即来,来之能战",应付突发事件效率较高。

4. 成本较低,利益与组织一致,因而能节约经费、控制预算。

(五)公共关系部的劣势

1. 受组织内部因素制约,难以完全做到客观公正。

2. 易被误解,主要是在组织与外部公众利益发生冲突时易被公众误解。

3. 水准受限,实践范围有限致使专业水平较低。

(六)公共关系部类型

1. 部门所属型

部门所属型是指公共关系部隶属于组织中的某个二级职能部门,是这个二级职能部门的一个下属分支机构。

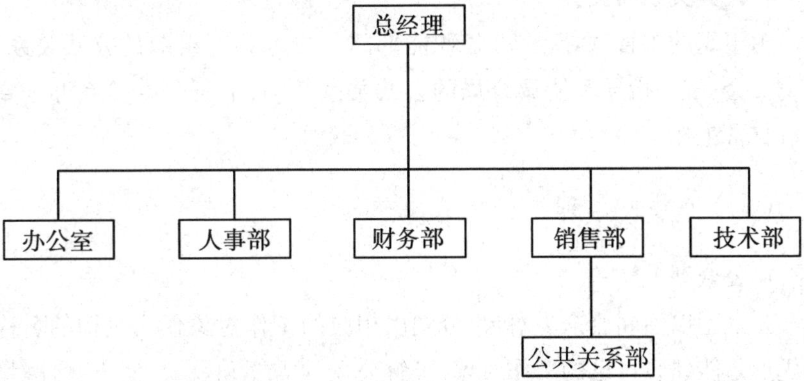

图 3－2　部门所属型示意图

2. 部门并列型

部门并列型是指公共关系部与组织的其他职能部门平行设置,共处于二级职能部门的位置。公共关系部的负责人与其他职能部门负责人地位平等。

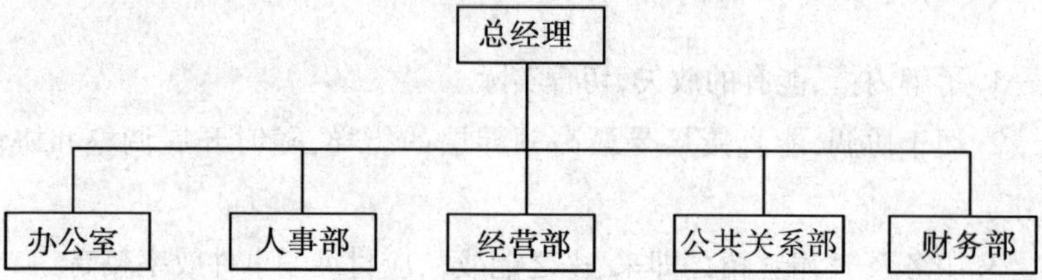

图 3－3　部门并列型示意图

3. 领导直属型

领导直属型是指公共关系部直接属于组织的最高决策层领导，其活动与最高决策层直接联系。

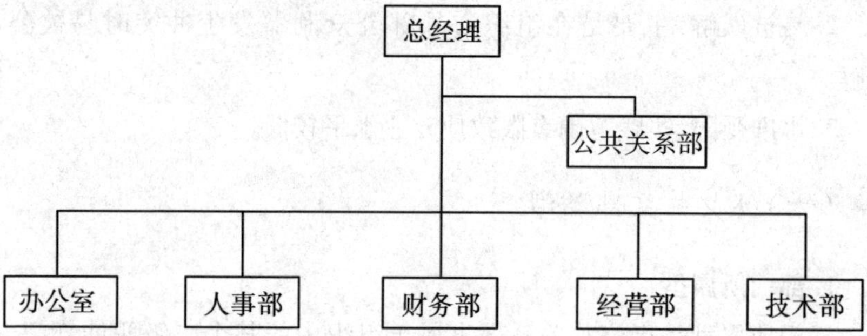

图 3－4　领导直属型示意图

4. 公共关系委员会

由组织的主管领导牵头，各职能部门负责人共同组织的公共关系工作委员会，统一指导和协调全局的公共关系活动，下设公共关系办公室，负责日常工作。

（七）公共关系部结构模式

1. 公众型

公众型以不同公众为对象，分别以相应的工作对象作为机构的名称。其优点是能熟悉自己的工作对象，了解公众的需要和反映，便于有针对性地开展工作。

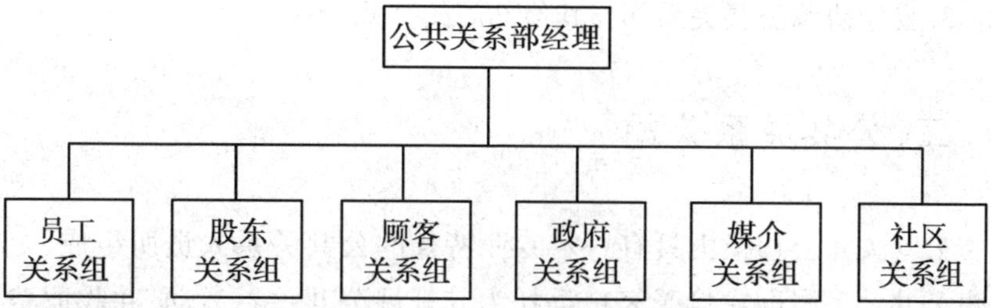

图 3－5　公众型示意图

2. 职能型

按职能分类建立起来的公共关系部，其特点是各职能部门都配有熟悉专门业务的人员，他们运用专门知识处理公共关系活动中所遇到的各类问题。

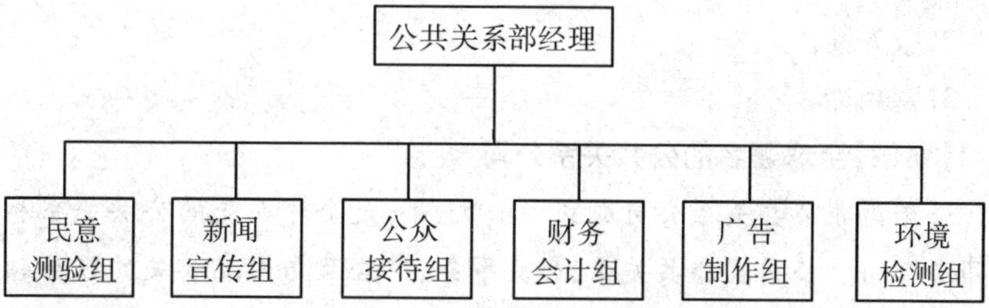

图 3－6　职能型示意图

3. 过程型

按公共关系工作的过程分类所建立起来的公共关系部，其特点是各职能部门的工作内容专业性强，工作范围集中，易于积累经验，提高公共关系活动的效果。

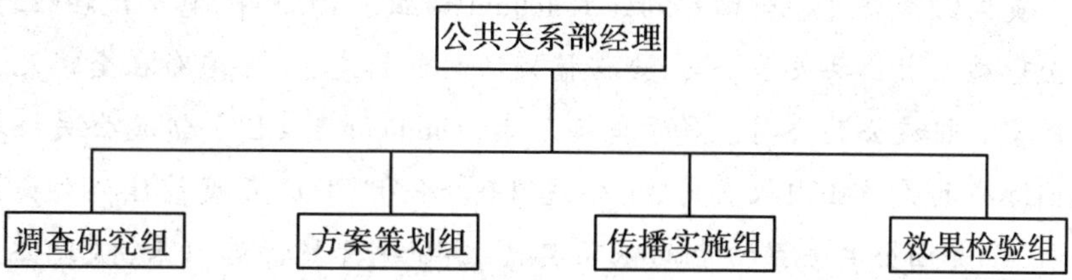

图 3－7　过程型示意图

（八）设置公共关系部应注意的问题

1. 明确公共关系部的职责范围。

2. 消除对公共关系部的误解：既不能“理想化”，也不能“庸俗化”。

3. 妥善协调公共关系部与其他部门的关系。

二、公共关系公司

公共关系公司指由具有一定专业特长的公共关系人员所组成，专门从事公共关系咨询或接受客户委托为其开展公共关系活动，并收取费用的社会服务性机构。

（一）公共关系公司的基本特征

公共关系公司的基本特征为：

1. 社会性；

2. 服务性；

3. 营利性。

【案例】全球著名的公共关系公司

美国博雅公共关系公司成立于1953年，是全球领先的公共关系和公共事务公司。公司在公共关系、公共事务、广告及与网站相关的服务领域为客户提供战略思维和项目施行服务。公司的全球网络由数十个全资事务所及子事务所构成，在全球几十个国家开展业务，在全球拥有数千名专业员工。博雅公共关系公司1979年加入扬雅集团，扬雅是全球领先的通信服务网络公司WPP集团的子公司，可以横向联结集团内其他子公司的资源，满足客户的多元传播需求。

美国凯旋公关公司由George Ketchum创立于1923年，总部设在纽约，是全球第七大公共关系公司，是传播领域的创新者，业务遍布在全球几十个国家。凯旋公关公司隶属于奥姆尼康（Omnicom）集团。凯旋公关公司被国际公共关系业内权威刊物《公关周刊》评为“2002年度最佳公共关系公司”。美国公共关系协会的银砧奖自1946年开始评选以来，凯旋公关公司获奖数量位居所有公共关系公司之首。凯旋公关公司正式受委托为2010年第16届广州亚运会提供国际公共关系及海外媒体传播服务。

总部设于美国芝加哥的爱德曼（Edelman）国际公关公司成立于1952年，是世界上最大的一家提供公共关系咨询服务的独立公共关系公司，是全球第六大公共关系公司。公司在2006年被*PRWeek*授予年度最大公共关系公司称号。《广告时代》也在2005年“最佳公司”专刊中将爱德曼国际公关公司评为最佳公共关系公司。爱德曼国际公关(中国)有限公司是中国最早的中外合资公共关系公司。

(二)公共关系公司的经营范围

1. 公共关系咨询

咨询诊断:总体公共关系顾问咨询,如为客户做企业或产品形象调查,做公众关系诊断,设计公共关系规划,提供专业化的公共关系顾问,为客户设计形象,为客户决策做参谋。

2. 传播信息

(1)联络沟通

协助客户与有关的公众联络沟通、建立和维持良好关系,包括政府关系、社区关系、媒介关系等。

(2)收集信息

为客户收集、汇编相关信息、情报资料,如新闻剪报、市场信息、民意测验资料以及各种社会情报。

(3)新闻代理

为客户策划新闻传播,包括为客户撰写新闻稿件、选择新闻媒介、建立与新闻界的联系、组织实施新闻发布会。

(4)广告代理

为客户设计、制作公共关系广告、企业广告,做广告投资计划,检测分析效果。

(5)推介产品

协助客户推广产品,制造有利的市场气氛。

(6)印刷制作

为客户设计、编制、印刷各种文字宣传资料和纪念品,如公共关系杂志、宣传画册或活页、宣传广告、产品或服务介绍以及代表企业标识的商标和纪念品等。

(7)音像制作

为客户制作宣传视频、音频等材料。

3. 组织活动

(1)会议服务

为客户策划、组织大型会议,如信息交流会、经验研讨会、产品展销会、专题展览会、公众对话会等。

(2)策划活动

为客户策划、组织各种专题公共关系活动,如剪彩仪式,周年庆典,联谊活动,与社区、文化、体育、慈善、福利等有关的大型公众活动。

(3)礼宾服务

为客户安排、组织重要的外交活动,如贵宾和要人的访问参观、大型宴会(可见图3-8)等。

图3-8　大型宴会

4. 人员培训

培训服务:举办公共关系和传播人员的技术培训班,培训公共关系人员或特定的传播人员。

图 3-9 人员培训

（三）公共关系公司的类型

公共关系公司的类型一般有综合服务型公共关系公司、专项服务型公共关系公司、公共关系顾问公司等。

（四）公共关系公司的组织机构专业优势

公共关系公司作为独立的咨询机构，能够并愿意对客户业务中的问题提出比较客观的意见。

一般来说，其专业人员有较丰富的经验，联系广泛，与印刷、摄影、新闻发布、科研、翻译等专业人员有较密切的联系，便于公共关系活动的开展，熟悉大众传播媒介，与企业内设立的公共关系部相比，能较好地利用大众传播媒介来开展公共关系活动。

（五）公共关系公司的选择标准

选择公共关系公司时，往往需要注意：

1. 公司的信誉情况。

2. 公共关系人员素质。

3. 收费方式和收费标准。

第三节　公共关系人员

一、公共关系人员的基本素质

公共关系人员的素质是以公共关系意识为核心，以自信、热情、开放的职业心理为基础，配之以公共关系专业知识结构和能力结构的一种整体职业素质。

（一）公共关系意识

公共关系意识属于一种现代经营管理思想、理念和原则，是公共关系实践在人们思维中的反映，且由感性知识上升为理性知识。公共关系意识作为一种深层次的思想，引导着一切公共关系行为。公共关系意识是一种综合性的职业意识。

公共关系意识的内容包括：

1. 塑造形象意识。
2. 服务公众意识。
3. 双向沟通意识。
4. 公关宣传意识。
5. 真诚互惠意识。
6. 创新审美意识。
7. 立足长远意识。

（二）公共关系人员的心理素质

公共关系人员需要有的心理素质主要有：

1. 自信和进取的心理。
2. 热情的心理。
3. 开放乐观的心理。

（三）公共关系人员的思想道德素质

公共关系人员需要有的思想道德素质主要有：

1. 恪尽职守，诚实守信。

2. 努力学习，有效工作。

3. 廉洁奉公，不谋私利。

4. 知法、守法、用法。

（四）公共关系人员的知识结构和能力结构

1. 公共关系人员的知识结构主要有：

（1）公共关系专业知识。

（2）背景学科知识。

（3）操作性学科知识。

（4）方针政策知识。

2. 公共关系人员的能力结构主要有：

（1）较强的文字和口头表达能力。

（2）良好的组织协调能力（见图 3－10）。

图 3－10　良好的组织协调能力示意图

（3）公共关系策划能力，健全的思维和谋划能力。

（4）信息捕捉能力和敏锐的观察能力。

（5）随机应变能力，很好的自制自控和灵活应变的能力。

二、公共关系人员的职业准则

公共关系人员的职业准则，就是公共关系工作中必须遵循的道德操守和行为准则。

《国际公共关系道德准则》、英国公共关系协会（IPR）制定的职业行为准则、美国公共关系协会（PRSA）制定的职业行为准则的影响比较大。

1989年9月，全国省市公共关系组织第二次联席会议提出了《中国公共关系职业道德准则（草案）》，该准则经修订在1991年5月全国省市公共关系组织第四次联席会议上正式通过。

复习思考题

1. 公共关系人员应具备哪些最基本的素质？

2. 公共关系部的常见类型有哪些？

3. 某企业招聘公共关系人员，若想应聘，该做哪些准备？简历应该怎么写？

第四章　公共关系的对象——公众

一、教学目的

了解:公共关系的公众,是因面临某个共同问题而形成并与社会组织的运行发生一定联系的社会群体。公共关系的公众具有同质性、群体性、多变性、能动性。公众分析一方面从不同的目标公众着手,另一方面针对公众的心理进行分析。

掌握主要知识点:公共关系的公众的含义和特点;公共关系的公众的分类;公共关系的公众的分析。

二、教学重点与难点

1. 公共关系的公众的特点。

2. 公共关系的公众的分类:非公众、潜在公众、知晓公众、行动公众。

3. 常见的心理定式:首次效应(首因效应)、晕轮效应、近因效应、移情效应。

4. 影响公众行为的个体心理、角色心理和群体心理。

第一节　公众的概念和特征

一、公众的含义

所谓公共关系的公众，是指因面临某个共同问题而形成并与社会组织的运行发生一定联系的社会群体。它是与公共关系主体也即社会组织发生联系及相互作用的团体和个人的总和。或者说，公众是指与一个组织机构直接或间接相关的个人、人群和团体。

二、公众的特点

（一）同质性：面临同一性质的问题而形成的群体。面临同一问题有共同的利害关系，对问题的处理有相似的意见。

（二）群体性：单个的人不能构成公共关系对象，换言之，组织的公众必具有群体性。公共关系要处理和解决的是与群体的关系。

（三）多变性：又称可变性，即公众群体总是处于发展变化之中。公众与非公众永远处于相互变化之中。

（四）能动性：公众不是只被动地作为公共关系的客体，而是从自身利益和需求出发，积极主动地影响某一社会组织的决策和行为。

第二节　公众的分类

一、根据组织的内外区别划分

（一）内部公众

社会组织内部的所有成员，如企业职工、股东等属于内部公众。

（二）外部公众

社会组织外部的，与组织的某些活动有这样或那样关系的公众。它包括政府、消费者、社区、新闻媒介、同行业竞争者等等，下一节会介绍几种常见的外部公众，此处不再赘述。

二、根据社会组织对公众的影响程度或社会组织运行过程中与公众发生关系的密切程度划分

（一）非公众

是指与社会组织还未发生任何联系、无任何利益关系的群体和个人。

（二）潜在公众

指与社会组织已经发生某种关系、面临着共同问题，但自身尚未意识到的公众。

（三）知晓公众

指那些意识到问题的存在，但还没有付诸行动的公众。

（四）行动公众

指的是由于意识到问题的存在，或他们与组织之间的联系，着手或已经采取具体行动的公众。

三、根据公众对组织的重要程度划分

（一）首要公众

是与组织的活动联系最为密切的公众，如企业的职工、商场的消费者等。

(二)次要公众

是相比之下与组织联系不十分密切的公众,组织对它进行的公共关系工作相对可以少些,如新闻单位。

(三)边缘公众

是指处在组织公众与非公众交界地带的人员和群体。如组织的员工家属、同行等。

四、根据公众对组织所持的态度划分

顺意公众,是组织政策的支持者;逆意公众,是组织政策的反对者;独立公众,是对组织态度尚不明朗者。

五、按组织对公众的态度分类

(一)受欢迎的公众

完全迎合组织的需要并主动对组织表示兴趣和沟通意向的公众。

(二)被追求的公众

指符合组织的利益和需要,但对组织不感兴趣、缺乏交往意愿的公众。

(三)不受欢迎的公众

即要回避的公众。指那些违背组织的利益和意愿,对组织构成潜在或现实威胁的公众。

【案例】**公众分类及公众关系变化**①

2008 年初南方各省发生严重的冰雪灾害(见图 4 - 1)。南方电网和铁路、公路运输受到严重影响。我们仅以其中铁路部门为例,看看其当时情况下的公众分类及公众关系变化。

图 4 - 1　冰雪灾害(1)②

面对冰雪灾害,铁路部门首先要依靠其内部公众——广大员工和领导,尤其是奋战在春节期间客货运输一线的员工和技术人员,他们连同要回家过年的亿万乘客、各级政府、新闻媒体、电力系统等合作伙伴,都必然成为其首要公众。

① 公众分类及公众关系变化。https://wenku.baidu.com/view/ac046935b90d6c85ec3ac61c.html?re=view。

② 图片来源:http://p.weather.com.cn/12/1231638_list.shtml。

图4-2　冰雪灾害(2)①

由于作为合作方的外部公众——电力系统能源供应不足，京广线被迫停运。与此同时，南方多条高速公路由于冰雪无法通行，客货运输压力又进一步集中到铁路部门。于是，铁路系统就成了国家、地方各级政府，众多旅客、货主及新闻媒体关注的焦点；其公众范围、公众数量和类型空前增加。在很短的时间内，许多原来的非公众、潜在公众，一下子变成了其临时公众、周期公众、知晓公众。而许多顺意公众，也由于正常利益受到影响而变成了逆意公众、行动公众。2月初，滞留广州火车站的千百万计划回家过年的旅客和众多的批评者，就是最集中的代表。

分析：上述公众分类的方法是相对的，可根据不同情况下公共关系工作的具体需要而灵活应用。

对公众进行相对准确的分类，需要进行系统的调查研究，掌握有关公众的确切情况，再加以科学、合理的统计和分析，并需要公共关系人员有丰富的经验积累。

① 图片来源：http://msnphoto.eastday.com/hdqxb/20081229_15/node309809/index9.html。

在很多情况下，公众调查和分类还应注意公众的自然属性，如年龄、性别、文化程度、职业、居住地、收入状况、消费状况等，从社会统计学的角度对公众做进一步的细分，从而使前面所说的分类标准在实际应用中更加具体、可行。

从实际操作的需要出发，最常用而且比较可行的，是从一个组织的性质、任务、活动出发，根据不同公众与组织的联系、所做的工作，对组织的作用与影响等因素进行直接的分类。

对公众进行分类，不能单纯进行定性分析，更应注意做定量研究，弄清楚不同类型公众的规模、数量、结构、分布等量化指数。只有这样，定性分析才会准确、可信，并更有意义，才能使组织针对公众态度的变化趋势制定相应的公关策略。

第三节 公众的分析

一、从不同的目标公众着手分析

以目前公共关系应用最普遍的企业组织为例，企业公共关系工作的对象——公众，一般由员工、顾客、社区、媒介、政府、社区、名流、国际公众、股东等构成，这些是企业公共关系工作最基本的目标公众。

（一）员工

员工关系指企业内部管理过程中形成的人事关系，其具体对象包括全体职员、工人、管理干部。员工是企业内部公众，是内部团结的首要对象。任何一种组织都会有自己的内部公众，都需要首先处理好自己的内部关系。由于员工是企业组织的成员，因此从内部公共关系的角度看是对象，从外部公共关系的角度看又成了主体。这是一种与公共关系主体最密切的公众。

建立良好员工关系的目的，是培养对组织的认同感和归属感，形成向心力和凝聚力。

(二)顾客

顾客关系即企业与本企业产品或服务的购买者、消费者之间的关系。在现代社会,顾客关系的对象是广义的,泛指一切物质产品、文化产品及服务的购买者、消费者。顾客是与企业具有直接利害关系的外部公众,也是企业市场关系的具体对象。协调顾客关系的目的,是促使顾客形成对企业及其产品的良好印象和评价,提高企业及其产品在市场上的认知度和美誉度,为企业争取顾客,开拓和稳定市场关系。

(三)媒介

媒介关系也称新闻界关系,即与新闻传播机构以及新闻界人士的关系。新闻界公众是公共关系工作对象中最敏感、最重要的一部分。这种公共关系具有明显的两重性:一方面,新闻媒介是组织与公众实现广泛、有效沟通的必经渠道,具有工具性;另一方面,新闻媒介人员又是组织必须特别重视的公众,具有对象性。与新闻媒介建立关系的目的就是争取新闻界对本组织的了解、理解和支持,以便形成对本组织有利的舆论氛围;通过新闻界实现与广大公众的沟通,密切组织与社会公众之间的联系。

(四)政府

政府关系指社会组织与政府之间的沟通关系,其对象包括政府的各级官员、行政助理、各职能部门的工作人员。任何组织都必须面对和接受政府的管理和约束,需要与政府的各种管理部门打交道。与政府保持良好沟通的目的,是争取政府及各职能部门对本组织的了解、信任和支持,从而为组织的生存和发展争取良好的政策环境、法律保障、行政支持和社会政治条件。

(五)社区

社区关系指本组织所在地的区域关系,其对象包括当地的管理部门、地方团体组织、左邻右舍的居民百姓等。社区关系亦称区域关系、地方关系、睦邻关系。发展良好的社区关系是为了争取社区公众对组织的了解、理解和支持,为组织创造一个稳定的生存环境;同时体现组织对社区的责任和义务,通过社区关系扩大组织的区域性影响。

(六)名流

名流指那些对于公众舆论和社会生活具有显著的影响力和号召力的社会名人。通过社会名流进行公众传播工作,具有事半功倍的效果。与社会名流建立良好关系的目的在于借助社会名流的社会知名度,增大本组织对公众的影响力和号召力,强化组织的良好形象。

(七)国际公众

国际公众主要指组织在国际性活动中面对的不同国度和不同文化背景的公众,包括对象国的政府、媒介、消费者等。发展良好的国际关系是为了争取国际公众的了解、理解和支持,为组织的国际活动创造良好的国际声誉和国际环境。

(八)股东

股东关系指企业与投资者之间的关系。建立良好的股东关系,加强企业与股东之间的沟通,能够争取已有股东与潜在投资者的了解和信任,能够创造良好的投资氛围,稳定股东队伍,吸引新的投资者,最大限度地扩大企业的社会财源。

二、从公众的心理进行分析

公众心理包括个体心理、角色心理和群体心理。个体心理、角色心理、群体心理这三类公众心理相互独立,相互影响。个体心理具有稳定性和独立性,是角色心理和群体心理的基础。公众的角色心理是同类公众共同的心理,它具有可变换性和可伸缩性。而相对于个体心理,公众的从众或时尚等群体心理则显示着人类的普遍性这一特色,具有凝聚性和排他性。

(一)影响公众行为的个体心理

影响公众行为的个体心理因素有许多,一般地讲,包括以下六个方面:知觉、价值观、态度、需要、性格和气质、兴趣和能力。

1. 知觉与公众行为

人们根据知觉(视觉、听觉、嗅觉、味觉、触觉)取舍信息,不同的社会知觉导致不同的个体心理和行为。常见的心理定式有:

(1)首次效应(首因效应):第一印象影响今后的行为。

(2)晕轮效应:从对象的某种特征推及总体特征,从而产生美化或丑化对象的印象。如精美的包装、偏高的价位使人产生晕轮效应。

(3)近因效应:指最后给人留下的印象同样有强烈的影响,也称为末尾效应。

(4)移情效应:把对特定对象的情感迁移到与该对象有关的人或事物上。如请明星做代言人。

影响知觉选择性的客观因素有:

(1)对象本身的特征;

(2)对象和背景的差别;

(3)对象的组合。

影响知觉选择性的主观因素有:

(1)需要和动机;

(2)兴趣;

(3)性格;

(4)气质;

(5)经验知识。

2. 价值观与公众行为

(1)价值观

人们对于是非、善恶、好坏的评价标准,对自由、幸福、荣誉、平等这些观念的理解和轻重、主次之分,是影响个体行为的重要因素。

(2)价值取向类型

功名型、实惠型、事业型、享乐型、奉献型、自私型、传统型、现实型。

(3)价值观的作用

对于公共关系从业人员来说，在处理公共关系时，要善于识别不同价值取向的公众，争取达到更好的公共关系效果(注意传播内容的设计和沟通艺术的运用)。对于社会组织来说，其活动宗旨要体现合理而有意义的价值观(如以产业报国、民族昌盛为己任；敬业报国，追求卓越；奉献挚爱，潇洒人间；振兴民族工业，提高中华民族的健康水平)。

影响价值观的四个因素是：

(1)个人的成就感、事业心。

(2)过去的成功或失败的经历。

(3)周围环境、生活条件的影响。

(4)与目标的接近程度。

3. 态度与公众行为

态度是指个人对某个对象的认识、评价及其倾向性(赞成或反对、喜欢或厌恶、肯定或否定)。

公共关系人员一方面要努力引导公众态度向有利于组织的方向发展，另一方面要设法改变公众的敌对态度，化干戈为玉帛。

态度对公众行为的影响主要体现为：

(1)态度通过公众知觉的选择性和判断性影响公众的行为。

(2)态度预示着公众的行为方式。

(3)态度决定人的行为效果的差异。

4. 需要与公众行为

美国心理学家马斯洛认为人的需要分为五类：生理需要、安全需要、社交需要、尊重需要和自我实现需要(见图4-3)。这五个层次的需要从低级到高级，低一级的需要被满足以后就会产生高一级的需要。这五种需要是普遍存在的，但不同的人，或同一个人的不同时期是有区别的。

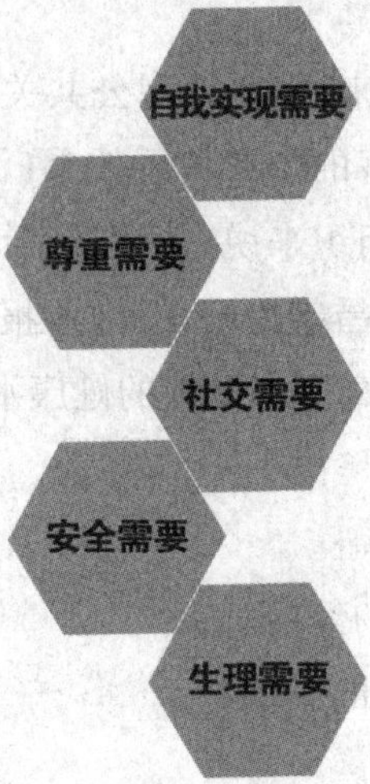

图4-3　马斯洛需要层次插图

公共关系的政策、活动和资源要尽可能满足公众对象的“优势需要”，是制定公共关系政策的依据，也是公共关系工作成功的标准。

5. 性格、气质与公众行为

性格是一个人较稳定的对现实的态度和与之相应的习惯化的行为方式，是一个人的全部品质和特点的总和。

性格的特征包括：正直与虚伪，谦虚与傲慢，合群与孤僻，认真与马虎，大方与羞怯，果断与犹豫不决，沉着与鲁莽，豪爽与抑郁，宁静与冲动，主观与客观，严谨与草率，等等。

公共关系人员应积极创造条件，引导公众的性格向积极、健康的方向发展。

气质是心理过程的速度、强度、稳定性和内外倾向性的心理特点的总和。气质是高级神经活动类型的表现。高级神经活动具有兴奋和抑郁两个基本过程。

四大气质有：

(1)胆汁质：兴奋过程特别强，抑制过程受很大压抑的气质类型。一般表现为精力过人，不易疲劳；争强好胜，不怕挫折；大喜大怒，难以控制；办事果断，但容易急躁；具有明显的外倾性。

(2)多血质：兴奋过程强，但转换灵活，反应快的气质类型。一般表现为精力充沛、活泼好动；反应迅速，适应性强，兴趣广泛，善于交际；容易轻浮,不够踏实;具有明显的外倾性。

(3)黏液质:兴奋过程较强,但反应不灵活的气质类型。一般表现为沉静、稳重;工作时坐得住,不喜欢表现自己,忍耐性强,情绪不易外露;办事容易拖拉,比较固执,具有内倾性。

(4)抑郁质:兴奋过程弱,抑郁过程为主导的气质类型。一般表现为行为孤僻、不太合群;观察细致、非常敏感;表现腼腆、多愁善感;行动迟缓、优柔寡断;具有明显的内倾型。

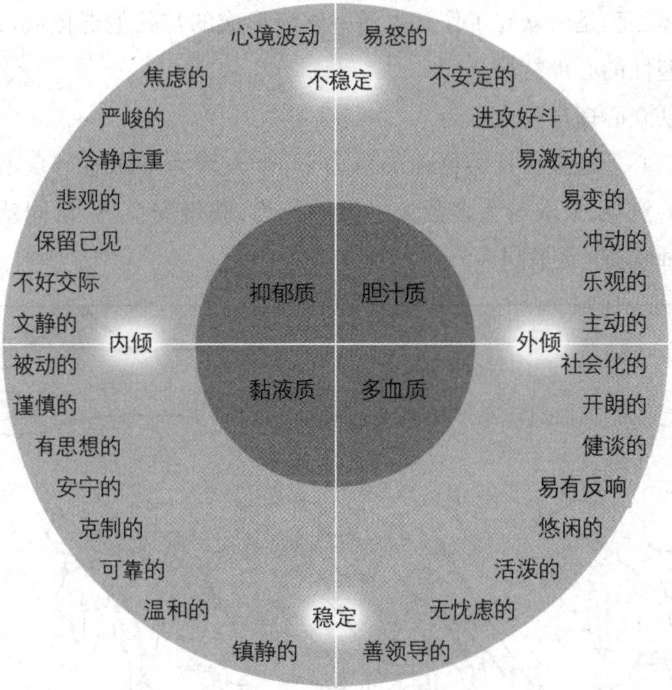

图4-4 性格四大气质插图

组织要了解和把握公众的气质类型,发现和识别气质方面的特点,注意利用公众气质特征的积极方面,控制其消极方面。

6. 兴趣、能力与公众行为

兴趣是人们力求认识某种事物、特别爱好某种事物和活动的倾向。

能力是人们参与活动、完成工作的本领。

公共关系工作需要了解和研究公众对象的特殊兴趣和能力,使公共关系活动能够迎合公众的口味,从而具有吸引力。

（二）影响公众行为的角色心理

公众的角色心理揭示了公众与社会的关系，人在社会化的过程中，形成的角色心理将决定这个人的行为模式，所以研究公众的角色心理有利于我们更深刻地认识和把握公众。

（三）影响公众行为的群体心理

群体心理是公众在工作和生活中逐渐形成的与其他群体成员相似的带有普遍性的心理特征。

1. 从众心理与公众行为

从众心理是指在社会群体的压力下，个人因为不愿意与众不同而放弃自己的意见，采取与大多数人一致的行为，获得安全感、认同感和归属感的心理状态。见图4－5。

图4－5　从众心理示意图

2. 逆反心理与公众行为

逆反心理是指作用于个体的同类事物，超过了个体感官所能接受的限度而产生的一种相反的体验。见图4－6。逆反心理的形成往往是出于好奇心、好胜心和抵触情绪。防止出现公众的逆反心理，就需要注意信息量的把握，避免刺激信息量过大，刺激过度就容易造成传播对象的逆反心理，欲速不达。

图 4-6　逆反心理示意图

3. 时尚与公众行为

一段时期内，社会上相当多的公众对某个特定的观念、行为、语言或生活方式等产生崇拜心理并追求，公众之间还互相模仿，相互产生连锁性感染。我们把这种现象称为时尚。公共关系人员必须认真对待，根据时尚的特点及其形成的原因，因势利导，更好地顺应公众的心理需要，有的放矢地开展公共关系活动。

4. 舆论、流言与公众行为

舆论是社会公众的意见和看法，是社会上大多数人的共同观念。

流言与舆论相似，但更多的是指在公众中流传的不确切的、带有煽动性的消息。

舆论的指向和民心的向背对社会组织的公共关系都有着十分重要的意义。

社会组织既要制造良好的社会舆论，形成良好的舆论环境和舆论氛围，又要在遇到流言时拿出事实依据，通过传播媒介向公众澄清。

5. 骚乱与公众行为

骚乱是在某一种特定场合或局部范围发生的扰乱和冲击社会正常秩序的群体行为，是一种暂时的无政府状态。

公共关系人员要善于防止和疏导骚乱,对骚乱及公众的骚动心理给予足够的重视,绝不能掉以轻心,留下后患。

复习思考题

1. 公共关系的目标公众该如何确定?
2. 请根据不同的标准对公众进行分类。
3. 请对公众从心理方面进行分析。

第五章　公共关系传播

一、教学目的

了解:公共关系传播,是一个社会组织为了提高自身的认知度、美誉度、和谐度,借助传播的方式所开展的传播活动及传播管理。公共关系的传播活动有四种形式:群体传播、组织传播、人际传播、大众传播。

掌握主要知识点:公共关系传播的特点;公共关系传播的基本内容;公共关系传播的基本类型;公共关系传播的实务操作。

二、教学重点与难点

1. 公共关系传播的特点:符号性、共享性、道德性、文化性、情感性、新奇性。

2. 公共关系传播的基本内容:初创时期信息传播、发展时期信息传播、风险时期信息传播、低谷时期信息传播。

3. 公共关系传播活动的类型:群体传播、组织传播、人际传播、大众传播。

4. 公共关系传播的实务操作:记者招待会、开放参观、庆典活动、公共关系广告、策划新闻事件。

第一节 公共关系传播

一、传播及公共关系传播的含义

“传播”一词与英语中的单词“communication”相对应。公共关系传播,是指一个社会组织为了提高自身的认知度、美誉度、和谐度,借助传播的方式所开展的传播活动及传播管理。

公共关系本质上是一种传播活动。公共关系的过程是组织主体与公众客体之间的一种信息传播活动和信息交流的过程。

二、公共关系传播的特点

(一)基本特点

1. 社会性

传播是人类为维持社会生活而进行的一种社会行为。

2. 普遍性

传播行为无处不在,无所不有。

3. 工具性

传播行为作为工具被用来监测环境、适应环境,进而改造环境。

4. 互动性

传播活动是一种双向的、相互的行动。

5. 符号性

人与人之间的信息传播是依靠“符号”交流来进行的。这里所谓的符号,是信息的表现形式,包括语言、文字、声音、图画、形象、表情、动作等。

6. 共享性

传播的目的就是与传播对象共同分享信息内容。最有效的传播能与人共享信息、立场、观念,并成功地建立某种共同性。

（二）其他特点

1. 道德性

社会组织在进行公共关系传播活动时，应当遵循道德的行为准则和规范，表现出社会义务、良心、荣誉和幸福观念等，把对于社会的义务视为自身的使命、职责、任务和理想。

2. 文化性

社会组织自身的文化和外在的文化氛围。

3. 情感性

公共关系传播往往以情感人，产生理性方法所不能产生的效果。

4. 新奇性

不断创新的社会组织，往往赢得公众的青睐。

三、传播的基本过程

传播的起点就是传播者，其终点就是受传者，传播的内容称为信息，而信息又是由各种符号来表达的。运用传播模式来说明传播过程及其内在各种因素的相互作用是帮助人们了解传播过程的有效方法。

传播的构成要素有两大类：一类是传播的基本要素，包括信源和信宿、信息、媒介、信道和反馈。另一类是公共关系传播的隐含要素，包括传播活动的时空环境、心理因素、文化背景、信息质量等。

传播的主要模式有以下几种。

（一）线性模式

（1）“5W”模式；

（2）“7W”模式；

（3）香农－韦弗模式；

（4）两级传播模式。

（二）控制论模式

（1）施拉姆模式；

(2)德弗勒模式。

(三)社会系统论模式

(1)韦斯特利－麦克莱恩模式;

(2)波纹中心模式。

四、公共关系传播的基本内容

初创时期信息传播的内容:主要介绍组织的投资建设状况,组织的性质、规模、设想及风格等。

发展时期信息传播的内容:维护组织已经形成的良好信誉和形象,介绍组织的生产经营方针、政策、特色等,将组织新产品研制与开发、产品价格波动情况、商标及组织的更改情况及时告知社会公众。

风险时期信息传播的内容:组织生产与经营产品的特色;出现问题时,实事求是地披露问题的根源,向公众致歉,并把问题的解决过程告诉公众。

低谷时期信息传播的内容:向社会公众说明组织步入低谷的原因,澄清事实,诚心诚意地求得公众的帮助,让更多的社会公众了解企业。

五、公共关系传播的任务及目的

公共关系传播的基本任务就是正确使用各种传播媒介,及时地向公众传递有关组织的上述各种信息,及时收集公众的各种意见和态度,为组织公共关系决策提供准确的事实根据,以促进组织顺利发展。

公共关系传播必须以影响和改变公众的态度为目的,即提供和分享组织信息,改变公众对某一个问题的态度和指望,从而引起公共关系所期望的行为。

第二节 公共关系传播的基本类型

一、传播的一般模式

(一)从传播者的角度分

个体自身传播、人际传播、小团体传播、组织传播、大众传播、公众传播和国际传播。

(二)从信宿角度分

对内传播和对外传播。

(三)从信息内容角度分

认识层次的传播、情感层次的传播和行为层次的传播。

(四)从传播渠道分

直接传播和间接传播。

(五)从传播效果角度分

无效传播和有效传播。

(六)从信息反馈角度分

单向传播和双向传播。

二、公共关系传播的形式

根据以上的分类,再结合具体的公共关系活动,我们可以把公共关系的传播活动归结为四种形式,即:组织传播、群体传播、人际传播、大众传播。

（一）组织传播

组织传播指组织机构同其他组织机构之间、同公众之间、同社会环境之间的信息交流，这种传播的主体是社会组织。

1. 组织传播的特点

内部：有层次性、有序性等特点。

外部：有公众性、大众性等特点，但必须借助传播媒介来进行。

目的性：为实现社会组织的目标。

可控性：服从组织总目标而有良好的控制性能。

综合性：由于传播对象既有个体、群体，又有更广阔的公众，故其传播手段集人际传播、组织传播、群体传播和大众传播之大成。这是典型的公共关系传播。

2. 组织传播通道

自上而下、自下而上和横向传播。

（二）群体传播

群体传播是一群人按照一定的聚集方式，在一定的场合接受传播。

这种传播的场合是公开性的，往往能容纳上百人，甚至几千人，如会场、展览厅、礼堂、广场、体育馆等。这种传播的对象一般都是为了共同的目的而聚集在一起的。比如，在记者招待会上，到场的都是新闻人士，都是为了寻求新闻线索、采访新闻事实这些目的而来；而在某一家用产品展销会上，参观者多半是意欲购置这类家用消费品的人。见图 5－1、图 5－2。

图5－1 展览

图5－2 会议

群体传播具有人际传播的很多特点,例如:传播者与受传公众可以面对面地传播,也可以用其他媒介来传播,像利用陈列馆及实物作为媒介,或用电视录像等。通过群体传播的进程与公众进行沟通,是公共关系人员常用的手段。

(三)人际传播

人际传播是指人与人之间直接的信息交流沟通方式。这种传播,双方参与度高,传播符号多样,手段丰富,信息反馈灵便,感情色彩强烈,但是,这种传播范围小,速度慢。它也是最常见、最广泛的一种传播方式,是人类社会赖以存在和发展的最基本的形式。

人际传播的作用如下。

对组织而言:

(1)能培养社会组织内部“家庭式氛围”;

(2)能创造良好的外部环境;

(3)能有效地排除障碍,消除误解。

对个人而言:

(1)社会交往的基本需求;

(2)获取机会、增强实力的重要途径;

(3)提高认知水平,规范人的行为,有助人的个性成长。

(四)大众传播

大众传播就是通过大众传播媒介,为公众报道大量国内外新闻,为各行各业的人们传递和汇集各种信息。图 5-3 为网络新闻。

图 5-3 网络新闻

大众传播的特点：主体高度组织化和专业化；传播手段现代化和技术化；对象众多；人际关系不复存在；反馈缓慢、间接。

大众传播的优点：能够在最短的时间内获得最大的传播面；由于职业新闻工作者作为“把关人”，大众传播媒介具有“过滤性”，所以传播的信息权威性和说服力强；个人情感因素介入较少，有高度的公开性。

大众传播的缺点：信息反馈缓慢、零散，评价传播效果的工作量较大。

我们将大众传播媒介分为四大类，即：以视觉为主的印刷媒介，如报纸、杂志等；以听觉为主的媒介，如广播；视听兼有的音像媒介，如电视、电影；以视听为主，可以互动沟通的媒介，如互联网。它们均以传播新闻信息为主要特征，也被称为新闻传播媒介或新闻媒介。

第三节　公共关系传播活动的实务操作

公共关系传播具有专业性强，操作方法具体、细致、实用等特点。因此，本节从公共关系传播活动的实务操作出发，着重展示记者招待会、展览会、开放参观、沟通性会议、庆典活动、社会服务、赞助活动、联谊活动、公共关系广告、策划新闻事件等实务操作的方法和技巧。

一、记者招待会

记者招待会是社会组织在发生重大且具有影响的事情时，向新闻界公布信息，借助新闻提升该组织或者与该组织密切相关的人和物的形象的会议。

记者招待会是社会组织为有效地在公众中树立良好的形象，形成有利于自身发展的社会舆论所采取的传播工作方式，是企业、事业单位与媒介联系的一个重要渠道。它具有发布消息正规、严肃，传播范围广、深度大等优点。它能在较短的时期内迅速恢复社会组织的良好形象，为组织营造和谐的外部环境。

二、展览会

展览会是一种综合运用各种媒介、手段，推广产品、宣传企业形象和建立良好公共关系的大型活动。见图5－4。

图5－4　展览会

（一）展览会的特点

（1）展览会是一种直观、形象和生动的传播方式。

（2）展览会可以为某一组织提供与公众直接进行双向沟通的机会。

（3）展览会是一种高度集中和高效率的沟通方式。

（4）展览会是一种综合性的大型活动。

（二）展览会的类型

（1）按照性质划分，可分为宣传性展览会和贸易性展览会。

（2）按照规模划分，可分为世界性、全国性、地区性、行业性及组织自己举办的展览活动。

（3）按照内容划分，可分为综合性和专业性展览活动。

（4）按照场地划分，可分为室内展览和露天展览。

（5）按照时间划分，可分为长期展览和定期展览及一次性展览活动。

（三）展览会的组织与实施

（1）确定活动的主题。

（2）明确参观者的类型。

（3）选择活动的地点。

（4）准备各种资料。

（5）构思活动的结构。

（6）成立新闻发布机构。

（7）培训展览会的工作人员，布置展厅。

（8）进行经济预算。

（9）进行活动效果测定。

【案例】欢迎试坐：奥迪厂家有魄力①

1996年夏天，国内外近千家厂商参展的第四届北京国际汽车展览会，气氛火爆异常。展厅里，一辆辆靓车光彩夺目，引得满场人潮涌动。更为精彩的是，各参展厂商公关高招迭出：法拉利跑车旁，有"法拉利小姐"的狂歌劲舞和个性签名；绅宝车前，有异国淑女迷人的微笑；福特公司则让金发碧眼的女孩与活泼可爱的中国儿童同台演出……所有这些，皆令观众耳目一新。

强中更有强中手，奥迪厂家破天荒地使出绝招——所有奥迪展车，欢迎观众试坐。只见一个个试坐的观众喜形于色，乐不可支：打方向，踩刹车，点油门，踩离合，俨然就是车主，实实在在地过了一把车瘾。更多的围观者则看得眼热心跳，跃跃欲试。一时间，观众对奥迪厂家的做法赞美有加，纷纷前去试坐，奥迪车展台前成了展览的新闻热点，各路记者纷至沓来，奥迪车随之声名鹊起。

分析：

1. 该展览会以实物展示的方式，充分调动观众的参与积极性，体现出直观、形象、生动的特点，提供了厂商与公众进行双向沟通的机会，带有很强的娱乐性质，是新闻报道的好题材。

① 欢迎试坐：奥迪厂家有魄力。https://wenku.baidu.com/view/6f1d0644be1e650e52ea9926.html。

2. 组织参展的目的主要在于高效率地传递组织形象信息，期盼在众多的参展单位里脱颖而出，一鸣惊人。在这种情况下，组织要学会制造新闻热点，主动吸引新闻界人士的关注。本案中，奥迪厂商突破了长期以来“香车、美女”的参展方式，率先采取高档车也可让所有观众尽情试坐试驾的方式，体现出其大家风范及产品质量过硬等特点。

三、开放参观

开放参观是将组织内部有关场所和作业程序对外开放。开放参观活动最大的特点就是真实性。它是以事实说服公众的。常言说得好：耳听为虚，眼见为实。

开放参观程序：确定参观日期，成立专门机构，做好宣传准备工作，确定对外开放参观的内容，选择参观路线，做好解说和接待工作，做好欢送工作，收集参观者的意见。对待所有参观者要一视同仁。

【案例】解放军驻港部队 3 个军营国庆对香港市民开放①

每年国庆日，中国人民解放军驻香港部队 3 个军营都会开放给香港市民、社会团体和各界人士参观。3 个军营分别是香港赤柱军营、九龙昂船洲军营和新界石岗军营。见图 5－5、图 5－6。

图 5－5　解放军驻港部队军营开放展览②

① 解放军驻港部队 3 个军营国庆对香港市民开放。http://www.cnr.cn/military/zhongguo/t20050922_504108081.html。

② 图片来源：http://www.cpd.com.cn/n1695/n203193/c1727703/content.html。

图5-6　解放军驻港部队表演①

驻港部队对香港市民的开放，使得香港市民对中国人民解放军有了直观的印象，以前传闻中的军营神秘感得到了消除，香港市民了解到中国人民解放军是有文化、有纪律、有战斗力的现代化威武之师，拉近了军民之间的距离。

四、沟通性会议

（一）礼节性聚会

如可以根据与会者的共同兴趣和爱好，举行聚餐会、歌咏会、文娱晚会、化装舞会等等。见图5-7。

① 图片来源：http://www.cnr.cn/military/zhongguo/t20050922_504108081.html。

图 5－7　文娱晚会

（二）例行性会议

例行性会议是社会组织出于阶段性工作的需要而举行或参加的会议。见图 5－8。

图 5－8　例行性会议

五、庆典活动

庆典活动是社会组织面向社会和公众展现自身，体现自身的领导和组织能力、社交水平以及文化素养的活动。通过邀请知名人士和记者参加，还可以扩大影响。常见的庆典仪式有法定节日庆典，某一组织的节日庆典，特别“日、周、月、年”的庆典仪式，签字仪式，颁奖、授勋仪式等。举行庆典活动的大体流程如下。

（一）确定庆典活动的主题，进行精心策划安排，并进行适当宣传，如通过海报、宣传品、广告等。

（二）拟定出席庆典仪式的宾客名单，一般包括政府要员、社区负责人、知名人士、社团代表、同行代表、员工代表、公众代表和新闻人士，要提前将请柬送到准备邀请出席典礼的宾客手中。

（三）拟定庆典程序，一般为签到、宣布庆典开始、宣布来宾名单、致贺词、致答词、剪彩等。

（四）事先确定致贺词、致答人名单，并为本单位负责人拟写答词。贺词、答词都应该言简意赅，达到沟通感情、增进友谊的目的。

（五）确定主要关键仪式人员，例如剪彩、揭牌等，除本单位负责人外，还应该有德高望重的知名人士作为来宾共同参加。

（六）安排各项接待事宜，应事先确定签到、接待、剪彩、摄影、录像、扩音等有关服务礼仪人员，这些人员应在庆典前到达指定岗位。

（七）可在庆典过程中安排舞狮耍龙、乐队伴奏、歌舞节目、锣鼓、鞭炮礼花等，还可以邀请来宾为社会组织题词，以作为永久纪念。

（八）庆典结束后，可组织来宾参观本组织的设施、陈列等，增加宣传本组织信息传播的机会。

（九）通过座谈、留言等形式广泛征求意见，并综合整理，总结经验。

六、社会服务

（一）消费教育和引导

企业为了引导消费，针对消费者的需要，免费提供消费教育、消费培训（见图5－9）、消费咨询（见图5－10）等服务。这种服务贯穿于消费者购买前的教育引导，购买中的说明、示范和辅导，购买后的培训、咨询等全过程中。

图5－9　消费培训[1]

① 图片来源：http://www.whwh.gov.cn/art/2017/9/25/art_13662_980766.html。

图5－10 消费咨询

（二）销售服务

包括售中服务、售后服务。

（三）消费者的系列化

消费者的系列化亦称为消费者的组织化，即通过消费教育、消费引导和完善的售后服务，培养对本企业的拥护者、爱戴者，培养本企业稳定的顾客队伍和稳定的市场关系。

七、赞助活动

赞助是社会组织以捐赠的方式，向某一社会事业或社会活动提供资金或物质的一种公共关系专题活动。赞助活动是一种对社会的贡献行为，是一种信誉投资和感情投资，是企业改善社会环境和社会关系最有效的方式之一。

(一)赞助活动的程序

明确目的;调查研究;拟订赞助计划;审核评定;具体实施;测定效果。

(二)赞助活动的形式

资金、实物、联办、主办。

(三)赞助活动的范围

体育事业、文化事业、福利事业、学术活动、市政建设。

(四)赞助活动的原则

社会效益优先,自愿量力而为。

(五)赞助活动的目的和作用

1. 扩大社会组织的知名度;
2. 为社会组织树立良好的形象;
3. 履行社会组织对社会的义务和责任。

(六)赞助活动的注意事项

1. 赞助对象要有较高的赞助价值;
2. 赞助费用要量力而行;
3. 赞助活动要有限度。

八、联谊活动

联谊活动是指社会组织为了达到内部管理人员与员工之间、社会组织成员与社会公众之间,或者社会组织与社会组织之间联络感情、增进友谊的目的而组织的活动。见图 5 - 11。社会组织内部的联谊活动可以调节职工文化生活,创造和谐的人际关系。社会组织对外部组织的联谊活动可以增进公众对社会组织的关注和了解,加强相互联系和协作交流。联谊活动形式多样,如组织舞会、观看演出、参观游览等各种有益身心健康的休闲活动，以利于相互间信息的共享。

图 5－11　联谊活动

九、公共关系广告

公共关系广告既属于公共关系活动的一部分，又属于广告的范畴，它集公共关系的特点与广告的特点于一身，形成了一种特殊的广告。

（一）公共关系广告的类型

1. 组织广告；
2. 响应广告；
3. 创意广告；
4. 形象广告。

（二）公共关系广告的原则

1. 实事求是；
2. 独具风格；
3. 富于创新；
4. 寻求最佳时机；
5. 避免商业痕迹；

6. 注重效果。

十、策划新闻事件

策划新闻事件是指社会组织为吸引新闻媒介报道并扩散自身所希望传播开去的信息而专门策划的活动。

公共关系机构在真实的、不损害公众利益的前提下，有计划地策划、组织、举办具有新闻价值的活动、事件，吸引新闻界和公众的注意和兴趣，争取报道的机会，并使本组织成为新闻报道中的主角，以达到提高组织知名度、扩大社会影响的目的。如和新闻界联合举办一项有意义的社会活动；邀请名人主持剪彩、庆典等活动；举办公众感兴趣的有奖竞赛；创新经营方式，搞别出心裁的特别节目；等等。

策划新闻事件的特点有：比一般新闻更具价值；精心策划；富有奇思妙想；取得良好的效应。

复习思考题

1. 请从不同角度对公共关系传播进行分类。
2. 应如何进行公共关系广告策划？
3. 企业应该如何与新闻界进行联系？
4. 整合营销传播有何重要意义？

第六章　公共关系形象与CI战略

一、教学目的

了解:组织形象是社会公众或消费者按照一定的标准和要求,对某个商务组织经过主观努力所形成和表现出来的形象特征的整体看法和最终印象并转化成的基本信念和综合评价。组织形象识别分为组织理念识别、组织行为识别和组织视觉识别三个层次。

掌握主要知识点:组织形象的含义和设计原则,组织形象塑造的内容,CI设计。

二、教学重点与难点

1. 组织形象设计原则。

2. 组织形象塑造:员工形象塑造、领导形象塑造、产品形象塑造、服务形象塑造、环境形象塑造。

3. CI设计:CI的内容、CI的结构、CI的设计途径、CI导入过程。

第一节　组织形象策划

一、组织形象的含义和设计原则

(一)定义

组织形象特指社会公众或消费者按照一定的标准和要求,对某个商务组织经过主观努力所形成和表现出来的形象特征的整体看法和最终印象并转化成的基本信念和综合评价。

(二)构成

组织形象由八个子系统构成:

1. 产品形象;
2. 人员形象;
3. 管理形象;
4. 环境形象;
5. 文化形象;
6. 社区形象;
7. 标示形象;
8. 媒介形象。

(三)原则

组织形象的设计原则主要有:

1. 战略性原则;
2. 民族性原则;
3. 个性化原则;
4. 标准化原则;
5. 社会化原则。

二、组织形象塑造

(一)主体形象要素的塑造

1. 员工形象塑造

员工形象是商务组织员工在职业道德、专业训练、文化素养、精神风貌、言谈举止、服务态度和仪容仪表等方面的集体表现。员工形象是商务组织形象的代表和展示者,是商务组织形象人格化的体现。见图6-1。

图6-1 员工形象

员工形象塑造途径:提高员工的整体素质;培养员工的敬业精神;力求让最好的员工享受最好的待遇;鼓励员工建立高尚的情操。

2. 领导形象塑造

领导者的形象是指商务组织者的思想政治水平、知识结构、工作经验、组织指挥决策能力、开拓创业精神和气质风度等给外部公众和内部职工留下的印象。塑造领导形象的目标是使领导者成为有奉献精神和服务意识的高素质的决策者和精明的管理者。见图6-2。

图6-2　领导形象

领导形象塑造途径：配备合理的领导结构；实行唯才是举的方针；及时反馈工作成绩；培养领导者的服务意识。

(二)客体形象要素的塑造

1.产品形象塑造

将产品塑造成一个内在质量和外观质量相一致的、使消费者满意称心的形象。

产品形象塑造途径：重视产品的基础设计；实行全面质量管理；注重产品的外观形象塑造；扩大产品的知名度。

2.品牌形象塑造

品牌是整体产品的一部分，是卖主为自己的产品所设置的有别于其他卖主同类产品的名称、术语、图案、标记及其组合。品牌形象的塑造指为本组织产品建立“名牌”形象，也就是知名度高、美誉度也高的优秀产品形象。

品牌形象塑造途径：树立品牌意识；实施重点战略，坚持长期不懈的努力；实施品牌系统工程。

3.服务形象塑造

服务形象指商务组织的员工在经营活动过程中所表现出的服务态

度、服务方式、服务质量、服务水准及由此引起的消费者和社会公众对商务组织的客观评价。服务形象塑造的目标是树立一种服务态度诚恳、热情,服务技能娴熟、高超,服务过程及时、快捷,服务项目完善、衔接,服务方式新颖、别致的形象。见图6-3。

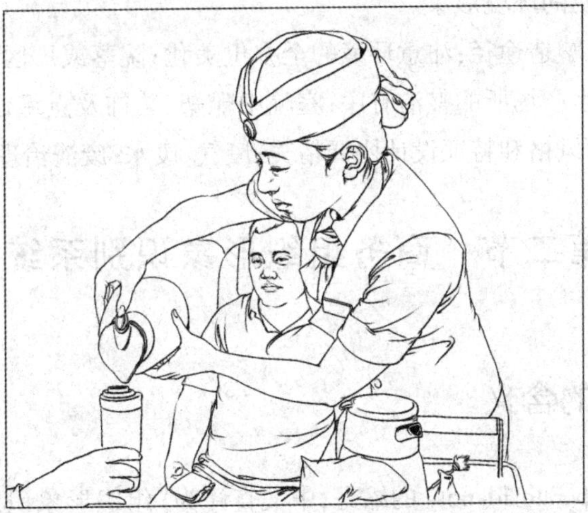

图6-3　服务形象

服务形象塑造途径:树立优质服务意识;配置完善的服务设施和条件;设置周到的服务项目和内容。

(三)延伸形象的塑造

1. 竞争形象塑造

塑造商务组织竞争形象的目标,是要将商务组织塑造成:遵循竞争规则,注意相互合作、相互理解和平等竞争的形象。

竞争形象塑造途径:把握竞争的焦点;正确处理竞争矛盾;在竞争的同时,寻求合作。

2. 信誉形象塑造

信誉形象是公众对商务组织的工作效益、产品质量、技术水平、服务态度、人员素质和总体实力等方面的信任和评价。信誉形象塑造的目标是让商务组织在公众心目中树立一种恪守信用、对公众负责、勇于承担社会责任的良好形象。

信誉形象塑造途径:重合同、守信用、讲究职业道德;勇于承担社会责任;努力为公众办实事。

3. **环境形象塑造**

环境形象是指商务组织机构的生活、生产、工作及对外营业等各种环境的总和。环境形象塑造的目标,是为商务组织塑造一种优美高雅、整洁有序、个性鲜明的环境形象。

环境形象塑造途径:注意环境的全方位美化;院落或厂区的美化与绿化;办公室和生产场所的整洁有序;庭院中雕塑、装饰及点缀设计合理;建筑群落的艺术风格和特征设计协调精美;废气、废水、废渣治理有成效。

第二节　商务组织形象识别系统

一、CI 的含义

CI 是 Corporate Identity 的缩写,中文直译为“组织形象识别”,是指企业通过传播媒介,以增进社会认同的符号传达系统将企业的经营理念与经营哲学向社会大众进行有效传达的过程。CI 主要由理念识别、行为识别和视觉识别三部分组成。

二、CI 战略产生和发展的基础

(一)信息化社会的到来

我们生活的社会,正以前所未有的速度大步迈进成熟的新时代,这是一个信息泛滥的 CI 战略社会。传播技术高度发达,各种信息铺天盖地,无孔不入,人们要面对各种信息传播媒体的层层包围和狂轰滥炸。在信息产业最为发达的美国,每年出版三万多种图书,一个人如 24 小时不间断地阅读,要花 17 年时间。在美国平均每年每人消耗 42 千克多新闻纸,也就是说美国每年用在印刷报刊上的纸张达 1 000 多万吨。

在这激烈的信息浪潮冲击下,企业或商品很容易被这信息的汪洋大海所淹没,在众多的同行业或同类商品中失去个性特征,逐渐被社会大众所遗忘。但同时信息化社会也给企业宣传自己和商品创造了前所未有的机会,可谓机会与压力共存,此时企业更需要有效的传播策略,需要与其他企业有明显的差别,需要创造一种能表现企业经营理念的独特形象,来强化社会大众对企业的认知,树立良好的形象。

(二)企业的双重社会身份

我国企业从计划经济的体制下脱胎出来,面对全新的生存环境和不断变化的市场,企业需要独立思考和确定自己的定位。仅仅从一个经济实体来认识企业的存在价值是不够的,在激烈的竞争中求生存和发展并不是企业存在的全部理由,企业不仅是经济效益的创造者,同时也是社会效益的创造者。正确处理企业和企业之间的关系、企业和社会之间的关系,已变得越来越重要。

企业本质上是一种经济性组织,是社会物质资料的提供者。企业的主要任务是尽可能地为社会提供消费品,并且由此获取应得的利润。但随着技术的进步,商品品质和功能逐渐走向同质化,竞争由卖方市场向买方市场转化。企业必须重视自己的另一种社会作用,调整自己的经营理念,并得到社会大众的认同,才能有一个良好的发展空间。

(三)社会价值观的多元化

在物质丰富的商品经济社会中,一个显著的特点是社会大众价值观的多元化和消费观念的多元化,人们选择商品的机会愈来愈多,选择商品的标准也会因人而异,不会像计划经济时期那样不假思索地争购同一种商品,而是根据自己的性情爱好、社会地位、消费水平等因素进行选择。有的消费者讲究经济实惠,有的追求时新流行,有的消费者注重商品的品质,不在乎是何品牌,有的却以消费名牌商品来满足心理的需求。

(四)市场竞争导向的变化

有经济学家指出,20 世纪 70 年代的市场竞争是商品质量的竞争,80 年代的竞争是营销与服务的竞争,90 年代的竞争是企业形象的竞争。随着市场竞争格局的变化,企业从单纯的商品质量竞争逐渐转向重视产品的市场营销策略和全面的服务竞争,从而发展到企业形象之间的竞争,竞争导向的变化给企业提出了新的课题。

现代企业要生存和发展,很大程度上取决于如何平衡商品力、营销力和形象力之间的关系。商品力是指商品的竞争能力,包括商品的品质、价格、多样化、先进性和开发潜力等;营销力是指企业市场营销的创造力和实力,包括销售和服务网络、促销计划、指导中间商、供货系统等;形象力是指企业和品牌的知名度、美誉度、信赖感等。在不同的时期,企业的竞争重点有所不同。

21 世纪竞争趋于全球化。过去那种认为产品只有卖到国外才是参与国际竞争的看法已经不适应今天的状况了,我国企业是在家门口参与国际竞争,国外的产品和品牌在我们的市场中比比皆是。外国企业和品牌在市场竞争中的重要法宝之一,是用 CI 战略武装起来的、经过长期市场竞争考验的优良的企业形象和品牌形象。因此,我国企业要与国外企业平等竞争,站在同一起跑线上,就必须掌握 CI 战略这个有力武器。

三、CI 的内容

CI 分为组织理念识别(Mind Identity,简称 MI)、组织行为识别(Behavior Identity,简称 BI)和组织视觉识别(Visual Identity,简称 VI)三个层次。

理念识别,即企业经营理念,是企业公共关系活动的原动力和理论基础。

行为识别,即动态的识别形式,包括企业内部的组织、管理、教育以及对社会的一切活动。

视觉识别,即静态的识别符号,是具体化的视觉传达形式,以组织化、系统化的视觉方案传达企业经营的信息。

这三个要素构成一个整体,它们之间的关系可以比喻为:VI 是商务组织识别系统的“脸面”,MI 是商务组织识别系统的“心脏”,BI 是商务组织识别系统的“手段”。有人把 VI、MI 和 BI 分别比喻为商务组织识别系统的“叶”“根”“枝”。不管怎样,组织识别系统的三个要素只有相互联系、互为支持才能充分展示商务组织的形象和风采,这也是公共关系策划的真正魅力所在。

四、CI的结构

(一)表层子系统、基层子系统和深层子系统的构成方式。

(二)理念识别子系统、行为识别子系统和视觉识别子系统的构成方式。

五、CI的特点

(一)将企业的管理、营销、公共关系与广告,提升为贯彻落实企业经营理念与经营哲学的具体行动。

(二)CI计划的职责划分不单是广告、宣传部门的事,而是由企业首脑亲自把握,动员整个企业所有部门全员参与,人人有责。

(三)CI计划企业情报传达的对象,不单是指向消费者,同时也面对企业内部员工、社会大众及相关团体。

(四)CI计划企业情报传达的媒体,不单是大众传播媒体,而是最大限度地运用企业内外所有的传播资源。

(五)作为一套系统、完整、严密的企业形象传播方案,CI计划不是短期的即兴作业,而是企业长期的战略规划,是需要定期督导与有效监控的系统工程。

六、CI的功能

(一)增强企业的市场开拓力。

(二)强化企业信息的沟通。

(三)激励企业内部员工的士气。

(四)有利于高素质人才的吸收。

(五)增进金融机构、股东的好感与信心。

(六)协调经费的合理使用。

七、中国CI的发展趋势

(一)从静态到动态

中国过去一段时间以来的VI设计,也是以一种静止和程式化的形态呈现的,缺乏新意和活力。其原因是设计观念上束缚太深。特别是标志设计,我们常将其理解为一张脸,造型和构成方式在不同的载体和环境中使用都具有一致性和稳定性。20世纪末,随着数字化媒体出现,社会环境也发生了质的变化。

电脑技术在设计上的广泛应用挑战着艺术设计形式,同时也充实着设计的外延。多元化的视觉观念也暗示着新视觉传达方式将要打破传统设计门类的界限,让设计成为一种能融合多种学科的载体。许多设计师已经不再满足于原有VI设计仅局限在平面和静态的状况。尤其是在FLASH等简单而好用的动画软件面世后,各种动画形式的VI设计面世,也有在平面的媒介上表现超平面的动态效果的。总之VI打破了"静"的传统,逐步开始"动"了起来。国外类似的尝试早就在进行着。现在国外的标志设计早已打破传统规则,在静止的二维平面中加入"时间"和"表情",在应用中丰富和灵活地展现。从可口可乐的VI变化上,我们可以感受到这一点。NIKE、SONY公司设计的推广片段更进一步证明了视觉传达设计由静态向动态的新走向。

反映在MI和BI方面,企业文化、经营方针、规章制度、经营流程等也出现了全球融合的动态趋势。特别是经济全球化的今天,随着跨国公司把其业务扩展到地球的每个角落,纯粹的传播固化的公司理念和观念的方式,已经不那么有效了,取而代之的是使公司融入不同地域文化之中,保持开放的胸怀和活力。在科学认识CI是什么的基础上,从VI、MI、BI三个方面入手,从企业的决策层抓起,结合公司品牌战略、营销公关策略和企业文化,立体地来完善企业整体经营,才能够达到企业长期良性发展的效果。

(二)以企业为核心向以消费者为核心转变

随着企业对CI系统认识的深化和管理的科学化,CI对企业管理发挥着越来越不可掩盖的作用。以可口可乐为例,原来企业非常注重产品的统一形象以及随着产品传播的美国文化。这种停留在推销观念的、以企业为核心的思维方式,也正在酝酿着变革。

现在企业认识到满足消费者需求是企业的终极目标,于是更注重将企业文化、管理制度和不同市场的文化相融合,更注重企业目标市场的具体特点。以可口可乐公司为例:2002 年公司在中国市场推出泥娃娃“阿福”的新形象。阿福邀请小朋友一起剪纸,喝可乐,伴着“龙腾吉祥到,马跃欢乐多”的对联展开共迎新春。2003 年公司沿用“阿福”形象,把阿福带到北方小乡村。阿福与小朋友一起滑雪、放鞭炮,同时出现“可口又可乐,羊年喜洋洋”的对联。浓浓的中国味和“阿福”的形象就深深地刻在消费者心中。这无非是企业认识到不同地区消费者拥有不同的文化背景和喜好,特别是在中国消费者对吉祥、热闹、合家欢的渴求心理。因此公司从原来一味以企业为核心,传播其美国文化到逐渐淡化美国情结,转而更关注消费者的心理需求。

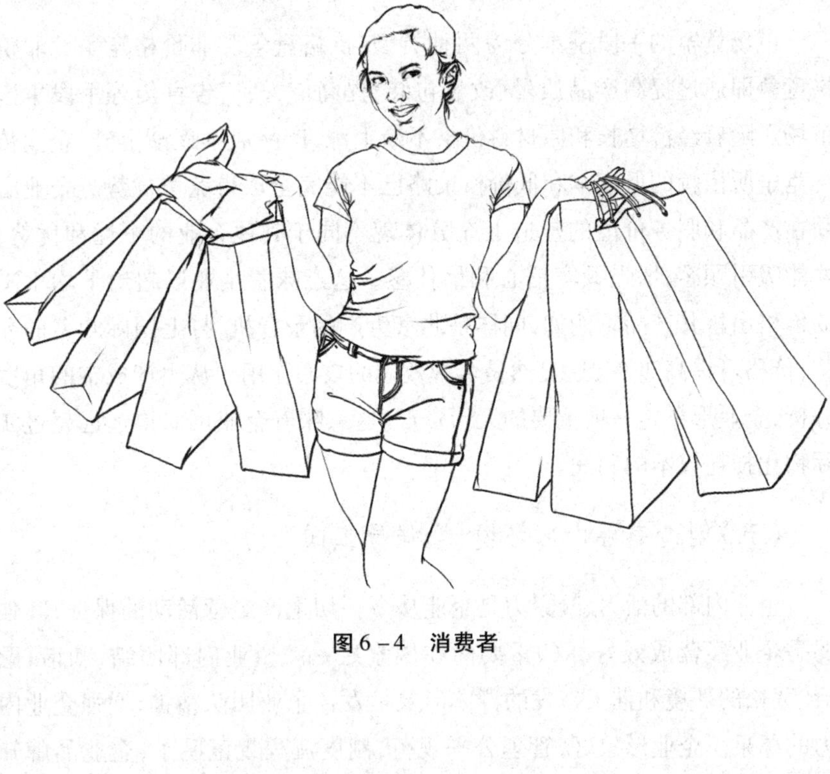

图6-4　消费者

(三)与国际接轨

当今市场国际化的趋向日益扩大,许多中国企业越来越清楚地意识到:中国经济发展已经纳入到整个世界经济发展体系中去。这就要求我国企业必须彻底放弃传统的战略观念,从封闭、半封闭战略向开放战略转变,其中包括导入 CI 战略,以提高企业的国际竞争力,适应企业外向化发展。

有一家具有一百多年历史的调味品厂,为向东南亚市场拓展,在保持传统,发挥老企业历史悠久、声名远播的优势基础上,该企业大力调整内部结构和经营观念,使自身经营中拥有明确、连贯、传统与现代相结合、符合国际竞争要求的形象战略,成功打开海外华人市场。利用原有优势,顺势调整,这也是增强国有企业活力、面向国际竞争发展的新思路。

(四)主动迎接市场竞争的挑战,取得品牌优势和管理优势

市场竞争的手段基本分为两种类型:价格竞争和非价格竞争。非价格竞争即通过提高产品质量、改善包装、提高信誉、广告宣传等手段争取市场。随着经济增长和原材料价格不断上涨,产品成本逐渐上升,企业传统竞争所依赖的低成本和低价格策略已不能完全取得竞争优势。企业必须在产品和服务价值的塑造上充分体现不同于其他企业的个性和优势,才能吸引顾客,增强顾客信心和信任感。这意味着企业以超出平均水平的价格出售其产品。例如,同样是北京生产的录音机,打上国际知名的品牌,价格可提高 30%,这显然是名牌效应的攻心作用。从生产成本的角度分析,企业形象是一项重要的无形资产,这意味着企业可取得远远超过实际物化损耗成本的利润。

(五)创造完善内部环境,增强员工向心力

企业内部的活力、凝聚力是企业从事一切生产经营活动的保证,其强弱是企业经营成效好坏的重要内在因素之一。企业内部团结、和谐、融洽、宽松的环境和催人奋发的群体形象是发扬企业团队精神、增强企业内力的源泉。企业形象好,管理公平规范,制度流程规范明了,企业品牌知

名度高，员工就容易产生工作的快乐、职业成就感和企业自豪感，容易激发工作热情，发挥创造力。

据资料表明，知名品牌企业的员工普遍感到社会地位较高，更有责任感；再加上具有良好管理机制的企业能给人充分发挥、心情愉快、朝气蓬勃的感觉，自然能激励士气，提高工作效率和企业整体效益。

第三节 CI的设计途径

一、理念识别系统设计——MI策划

理念识别系统（mind identity system，缩写为MIS）亦称理念统一化。所谓企业理念是一种企业整体的价值观和经营思想，指经营观念和经营战略的统一，是企业经营哲学和思维方法的体现。理念是企业的灵魂，企业理念识别系统是CIS策划的核心部分。

（一）理念识别系统开发的途径

1. 培育个性化的商务组织精神

商务组织精神是组织的精神支柱，是组织在长期的生产经营活动中形成的，并经过全体员工认同和信守的理想目标、价值准则、意志品质和风格风尚。

2. 确立具有特性的经营理念

经营理念是商务组织经营价值观强化为一种信念的结果，它是商务组织精神的集中体现，是商务组织形象的指南。

3. 设计具有感召力的形象口号

将商务组织精神、服务特色、公司的价值取向等用最精炼的语言表达或者描述出来。

（二）理念识别系统设计的内容

1. 经营理念。经营理念是企业的立业之本，理念识别定位的关键是突出企业个性。

2. 经营方针。

3. 组织精神。

4. 价值观。

5. 经营道德。

二、行为识别系统设计——BI 策划

企业形象的行为识别系统(behavior identity system,缩写为 BIS)也称行为统一化,有人称之为“企业的手”。企业形象的行为识别系统指在企业实际经营过程中,对所有企业行为、员工操作行为实行系统化、标准化、规范化的统一管理,以便形成统一的企业形象,便于统一的经营管理。

(一)BI 的内容

BI 的内容包括以创造理想的内部经营条件为目的的活动和以创造理想的外部经营环境为目的的活动。这两部分商务组织行为识别系统的建立过程,也就是商务组织 CI 系统在组织内部的传播过程。

【案例】麦当劳的行为识别系统,就是其理念的具体化

麦当劳的行为识别系统,就是其理念的具体化。其经营理念可以用 Q、S、C、V 来代表,即高品质的产品、快捷微笑的服务、清洁优雅的环境和物有所值。他们通过制定一套完整的准则来保证员工的行为规范。这些准则有员工训练手册、岗位检查表、管理人员训练手册,还有工作程序、步骤和方法等,十分具体地规定了员工的行为。如麦当劳的餐厅服务分为二十多个工作阶段,如煎肉、接货、收银等,每个工作段都有岗位检查表,详细地说明各个工作段事先应检查的项目、步骤和职责。只要实施了上述行为规范,就保证了 QSCV 经营理念的实施。

(二)BI 开发设计途径

1. 实行科学的管理。

2. 制定严格的行为规范并付诸实施。

3. 加强对员工的教育和培训。

4. 注重对外行为的整体优化。

5. 搞好商务组织行为的对外传播策划，树立良好的形象。

【案例】**优秀 BI 策划之企业风俗举例**

团圆节——元旦时职工、家属聚会。

生日晚会——每月最后一个周末，当月过生日的职工与公司领导聚会。

各种赛事、运动会——为培养团队精神、进取精神，提高士气而定期举行的一些诸如篮球、足球、乒乓球、跑步、登山、游泳等运动项目（见图 6－5）。

图 6－5　员工运动会

朝会——每天早晨全体员工集会，升旗、公司领导讲话等。

三、视觉识别系统设计——VI 策划

商务组织 VI 的设计包括两个方面：一是视觉基本要素设计，主要包括商务组织名称、组织标志、组织标准字、组织标准色、组织品牌名称、品牌标志、组织象征物、组织专用印刷书体等。二是视觉应用设计项目，包括办公用品、招牌、旗帜、标识牌、员工制服、赠品、交通工具、环境设计、包装用品等。

图6-6 员工制服

四、听觉识别系统设计——AI策划

听觉识别系统(audio identity system,缩写为AIS),亦称听觉形象统一化。它主要作用于公众的听觉。

五、环境识别系统设计——EI策划

企业环境的营造也应该突出企业理念。企业环境包括实物环境和人文环境。

在环境识别系统的策划上,应根据企业理念、特征、文化、行业特色以及公众的习俗文化等进行策划,在策划中一定要注意以突出文化韵味为主,创造自己独特的风格和品味。

第四节 CI导入过程

一、CI手册

编制CI手册的目的,是将形象策划的每个要素,以简明正确的图例和说明统一规范。制作CI手册,也应同CI策划一样,可以雇请专家或者专业设计公司,协同商务组织广告部、公共关系部等一起完成。

CI手册的内容一般包括如下几部分:

第一部分:引言。

第二部分:基本视觉要素。

第三部分:基本要素组合系统。

第四部分:设计应用项目。

第五部分:印刷样本及标准色票。

二、CI导入时机

新组织成立、合并、性质变化(国有经济成分转变为中外合资或股份制经营),这时推行CI工程是最佳时机。

商务组织新建扩建、改建工程结束、重大技术改造项目投产、主体产品转产、重大服务项目的推出。

商务组织重大组织机构变化、体制改变,商务组织集团的组建,商务组织规模的扩展,员工数量大量增加,销售网点的扩展。

商务组织创业周年纪念。

商务组织形象危机处理后期,CI工程成为防止危机再发生的重要手段,这也是导入CI工程的重要时机。

新产品上市,老产品获奖,此时导入CI工程有扩大宣传产品形象和提高组织知名度、增强员工信心和成就感的功用。

商务组织转向多元化经营,一业为主兼营其他业。进军海外市场,实现跨国营销。

商标变动,多种品牌回归统一品牌也宜导入CI工程。

三、CI战略导入

CI导入是一个复杂的过程,一般分为提案准备阶段、调研宣传阶段、设计开发阶段、实施管理阶段。

复习思考题

1. CI 的结构是什么?

2. 企业在进行形象设计时应如何结合自身情况运用 CIS 战略内容?

3. 企业应选择什么时机导入 CIS 战略? 具体程序是什么?

第七章　公共关系调查

一、教学目的

了解:公共关系的全过程大体分为调查研究、策划方案、组织实施、评估效果四个阶段。公共关系调查是具体的社会组织根据公共关系管理的需要收集信息和处理信息,依据对信息的研究发现问题,确立公共关系目标并提出实现目标的措施的工作程序。公共关系调查主要包括组织的形象地位调查、组织的公众舆论调查及组织所处的社会环境调查。

掌握主要知识点:公共关系调查的意义,公共关系调查的内容,公共关系调查的程序与方法。

二、教学重点与难点

1. 公共关系调查的内容:组织的形象地位调查、组织的公众舆论调查及组织所处的社会环境调查。

2. 撰写调查报告:公共关系调查文体格式与写作要求。

3. 公共关系调查的方法:抽样调查法、问卷调查法、访问调查法、观察法、文献研究法。

第一节 公共关系调查的意义及内容

组织与公众良好公共关系的建立和维持,必须经过一定的工作程序和步骤,公共关系学者对此进行了科学的归纳,并把公共关系的全过程大体分为调查研究、策划方案、组织实施、评估效果四个阶段,又称为公共关系的“四步工作法”。

一、公共关系调查的含义和意义

(一)公共关系调查的含义

公共关系调查是指具体的社会组织根据公共关系管理的需要收集信息和处理信息,依据对信息的研究发现问题,确立公共关系目标并提出实现目标的措施的一个完整的工作程序。

(二)公共关系调查的意义

1. 使组织能够准确地进行形象定位。
2. 为组织决策提供科学依据。
3. 使组织及时地把握公众舆论。
4. 提高组织公共关系活动的成功率。
5. 有利于塑造组织的良好形象。

二、公共关系调查的内容

公共关系调查要紧紧围绕社会组织的生存和发展这一主题,收集和处理来源于公众和组织自身及社会环境的各类信息,其内容十分广泛,大致可分为三个基本方面,主要包括组织的形象地位调查、组织的公众舆论调查及组织所处的社会环境调查。

(一)组织的形象地位调查

1. 自我期望形象调查

组织自我形象即一个组织自己所期望建立的社会形象,这是一个组织公共关系工作的内在动力、方向、目的和标准。

自我形象分析包括以下几个方面:

(1)组织实态的调查分析:组织实态即组织客观的实际状态和基本条件。

(2)员工阶层的调查研究:了解本组织广大基层和一线人员对自己组织的看法和评价。

(3)管理阶层的调查分析:了解和分析管理阶层的观点、意见和态度,从中分析本组织的优势和劣势。

(4)决策阶层的研究分析:决策阶层决定着组织的总体目标,从而决定着组织形象的基本定位,决定着公共关系的总政策。

2. 组织实际形象调查

组织实际形象即组织的实际状态和行为在公众舆论中的投影、反映,亦即社会公众和社会舆论对组织实际状态和行为的认知和评价。

(1)公众对象分析:通过辨认、甄别公众对象,确定形象调查的对象和范围。

(2)组织形象测量

知名度指一个组织被公众知晓、了解的程度,是评价组织名气大小的客观尺度,侧重于"量"的评价,即组织对社会公众影响的广度和深度。

美誉度指一个组织获得公众信任、好感、接纳和欢迎的程度,是评价组织声誉好坏的社会指标,侧重于"质"的评价,即组织的社会影响的好坏。

知名度需要以美誉度为客观基础,才能产生正面的积极的社会效果;美誉度需要以一定的知名度为前提条件,才能充分显示其社会价值。

(3)组织形象要素分析

在具体操作上,可根据"语意差别分析法"制作"组织形象要素调查表",作为分析形象要素的工具。

3. **组织形象差距比较**

将组织的实际形象与组织的自我形象做比较分析，揭示二者之间的现实差距，指明公共关系工作的目标和任务。

“形象要素差距图”可以帮助我们较为直观地显示组织的自我形象和实际形象之间的现实差距。

（二）组织的公众舆论调查

公众舆论调查类似于知名度、美誉度调查，但并非完全一致，公众舆论调查主要内容有：

1. 有多少公众知晓，包括绝对数量与相对比例，还有知晓公众的种类分布情况等。

2. 这些知晓公众对有关问题了解的程度如何，包括全面性和层次性，如果公众了解的情况不够全面，那么他们掌握的资料是对组织有利还是不利的信息。

3. 公众的态度是什么，是赞成还是反对，或满意还是不满意。

（三）组织所处的社会环境调查

社会环境是指与组织有关的各类公众和各种社会条件的总和，它影响着组织的生存和发展。

1. 政治环境调查：指对一个国家或地区的经济合同法、环境保护法、劳动法、商标法等的调研。

2. 经济环境调查：指对一个国家或地区的经济制度、经济结构、物质资源、经济发展水平、消费结构和消费水平以及未来的发展趋势等状况的调研。

3. 人文环境调查：指对一个国家和地区的人口结构、家庭状况、文化教育水平、生活习俗、社会规范和文化观念等因素的调研。

4. 技术环境调查：指对一个国家或地区的目标市场的技术水平、技术特征、技术要求、技术标准、技术类型等的调研。

5. 公众环境调查：分组织内部公众调查和组织外部公众调查两部分。外部公众包括消费者公众、媒介公众、社区公众、政府公众等，主要是了解各类公众的特征、覆盖面、需求、对组织的评价等。

【案例】美国亨氏集团的母亲座谈会①

美国亨氏集团与我国合资在广州建立婴幼儿食品厂。但是，生产什么样的食品来开拓广阔的中国市场呢？筹建食品厂的初期，亨氏集团做了大量调查工作，多次召开“母亲座谈会”，充分吸取公众的意见，广泛了解消费者的需求，征求母亲对婴儿产品的建议，摸清各类食品在婴儿哺养中的利弊。之后进行综合比较，分析研究，根据母亲们提出的意见，试制了些样品，免费提供给一些托幼单位试用；收集征求社会各界对产品的意见、要求，相应地调整原料配比。他们还针对中国儿童食物缺少微量元素、造成儿童营养不平衡及影响身体发育的现状，在食品中加进一定量的微量元素，如锌、钙和铁等，食品配方更趋合理，使产品具有极大的吸引力，普遍地受到中国母亲的青睐。于是，亨氏婴儿营养米粉等系列产品迅速走进千千万万中国家庭。

分析：

1. 此案例说明了企业公共关系中产品定位的问题。产品定位就是在潜在消费者的心目中为自己的产品设置一个特定的位置，这个位置只为自己的产品独占而其他同类产品则不能拥有。产品定位的客观依据有：关于产品的调查研究；竞争对手的调查研究；传播媒体的调查研究；流通领域情况的调查研究。

2. 本案例侧重的是对消费者的调查研究，通过对消费者的调查去发现消费者和潜在的消费者群。亨氏集团多次召开“母亲座谈会”，充分听取公众的意见书，广泛了解消费者的需求，征求母亲对婴儿产品的建议，摸清了各类食品对婴儿哺养的利弊，得到产品定位的信息，从而一举成功。

3. 此案例说明，企业一定要重视对消费者的调查研究，搞清消费者对产品的需求趋势，为自己的产品定位找到科学的依据，这样才可以帮助企业赢得市场。

---

① 美国亨氏集团的母亲座谈会。http://www.doc88.com/p-601859626055.html。

三、公共关系调查的程序

(一)确定调查选题

确定调查选题即确定公共关系调查活动的课题,也就是确定要研究解决什么问题,公共关系调查研究大都也是从选择和确立具体项目开始的。

(二)制定调查方案

制定调查方案是公共关系人员根据组织形象的现状和目标要求,分析现有条件,设计最佳行动方案的过程。

完整的调查方案包括:确定调查的目的;确定调查对象;确定调查项目和调查表;确定调查时间和地点;确定调查方式和方法;确定调查工作的组织实施;制定调查预算。

(三)搜集资料和实施调查方案

按照调查方案的要求,系统地收集各种可靠的资料和数据,听取被调查对象的意见,这是整个公共关系调查过程中最为重要的阶段。其主要步骤包括调查人员业务培训、实地调查采集原始资料和进行案头调查三步。

调查阶段的步骤还包括确定调查范围与调查对象、确定调查手段与方式、确定调研时间与地点、确定调查人员、编制经费等。

(四)分析处理调查结果

这是公共关系调查的最后阶段。调查得来的大量信息资料,往往十分零散,有些甚至是片面的和失真的,这就需要进行资料的核实与分类、信息的分类与综合,使之具有条理性、准确性和科学性。此阶段的步骤主要包括对信息的处理、确定结论和撰写调查报告。

(五)撰写调查报告

公共关系调查报告是调查者根据公共关系调查活动所获得的信息资

料和据此而形成的分析结论所撰写的一种文体,公共关系调查报告有基本文体格式、写作内容方面的要求,但在具体的写作过程中还应针对具体情况,灵活安排其写作结构。

调查报告内容包括:

1. 综合分析经过审核和加工处理的信息资料,确定调查报告的主题。

2. 全面汇集有关信息资料,概括出相应事物存在与变化的一般情况。

3. 综合研究相关信息资料,提炼出有关观点。

4. 选择运用有关信息资料,具体地说明社会组织公共关系工作中应当注意的有关问题等。

第二节　公共关系调查的原则及方法

一、公共关系调查的原则

(一)全面性原则

(二)代表性原则

(三)客观性原则

(四)定量化原则

二、公共关系调查的方法

(一)普遍调查法

简称普查,普查是将调查区域中的每个对象都列为调查对象,无一遗漏地逐个进行调查。这样的调查比较全面,但是工作量大,成本高。

普查的特点决定它一般在较小规模的公共关系调查中运用,较大规模的公共关系调查一般不采用普查法。

(二)抽样调查法

从所要研究现象规定范围内的全部个体单位中,按科学的随机原则,抽取部分单位进行调查或观测,取得数据资料,用以对现象整体的全面特征,做出有统计科学依据的、具备一定精密程度和可靠程度的统计和推断。

1. 随机抽样调查法

(1)简单随机抽样调查法;

(2)间隔随机抽样调查法;

(3)分层抽样调查法;

(4)整群随机抽样调查法;

(5)多级随机抽样调查法。

2. 非随机抽样调查法

(1)任意非随机抽样法;

(2)判断非随机抽样法;

(3)配额非随机抽样法;

(3)典型调查法;

(4)个案调查法。

(三)问卷调查法

问卷调查特指把所要调查的内容设计成一组问题,以设问的方式或表格的形式形成一份问卷,通过让调查对象填写问卷来收集信息的一种调查方法,是一种专门为向特定公众调查对某些问题的知晓、态度、意图等情感与行为的反映而设计的书面测验。

1. 问卷的类型

(1)结构性问卷:将所有问题完全结构化且明确列出。

A. 开放式

受测者可以自由地以自己的话来回答问题。例如:

Q1. 你所知道的绿茶包装饮料的品牌有哪些?

Q2. 你对于×茶里王的印象是什么?

B. 封闭式

要求受测者在有限的答案中选择。例如：

Q1. 你听过以下哪些绿茶包装饮料的品牌？

□×茶里王　□×纯茶　□×　□×

Q2. 你对于×茶里王的印象是：

□上班族　□幽默的　□年轻的　□其他

（2）非结构性问卷：用于着重质化的深度访谈。见图 7－1。

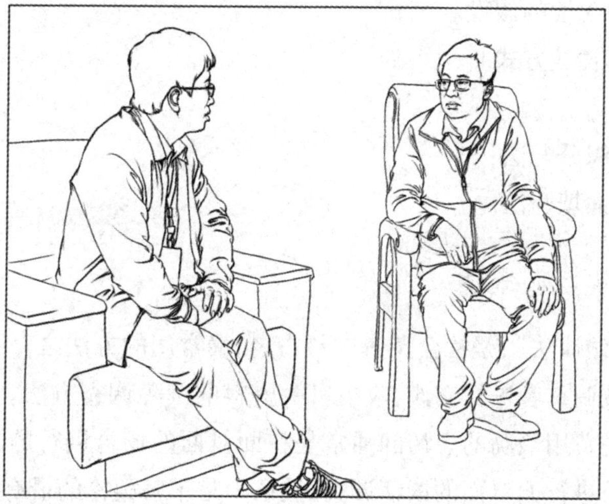

图 7－1　深度访谈

2. 调查问卷的设计

（1）问卷设计原则

针对性和必要性——严格按照调查目的设计提问，所有项目都是必需的，无关紧要的问题不应列入。

简明性和准确性——问题不应过多、过长、过散；所提问题力求明确，用词准确简洁，避免词义模棱两可。

客观性和可行性——提问避免带有倾向性、暗示性、引导性，保持中立态度，以求真实；适合被调查者的身份和水平，避免一些难以回答的问题。

系统性和艺术性——由易到难，由简单到复杂，由浅入深，由近及远；提问亲切自然、有礼貌、有趣味，注意回答的心理或社会影响。

（2）问卷用语的原则

使用简单易懂的字，避免艰深词汇或专业术语；

避免使用含糊不清的字和问题；

避免引导性问题；

避免选项未涵盖所有选择；

避免提供受测者选择特定选项的理由；

避免提供情绪性的字眼；

避免提及赞助者；

避免隐含性的选择；

避免隐含性的假设。

3. 问卷发放方式

(1)邮寄法；

(2)组织分配法；

(3)当面填写法。

(四)访问调查法

简称“访谈法”,是社会调查中最古老、最常用的方法之一。它是调查员通过与被调查者进行交谈,收集口头资料的一种调查方法。一般来说,这种方法是费用最高的。访问通常是在面对面的场合进行的。训练有素的调研人员进行面对面的谈话调查,被认为是了解舆论的最有效的手段。

1. 面访调查；

2. 信函调查；

3. 电话调查；

4. 深度调查访问。

(五)观察法

俗语说,“耳听为虚,眼见为实”。观察法正是通过调查者亲眼所见来获取信息,因此,信息的可信度比较高。实地观察法往往与访问调查结合起来使用,均属调查者直接与调查对象接触,以获得第一手的信息资料。

(六)实验法

特指专门的现实场景,在现场观察和访问有关人员,从而收集信息资料的一种调查方法。如:通过举办产品展销会来进行市场调查等。

（七）文献研究法

1. 文献检索

文献检索就是根据研究的目的查找所需要的文献，以满足研究的要求。文献检索的途径和方法分为两大类：

手工检索通常是根据文献的外表特征和内容特征，利用目录、索引、文摘等检索工具来查找和获得所需要的文献的方法。例如传统的图书馆检索（见图7－2）。

计算机检索由于搜索范围不受限制，可以随时查阅所需的文献，而且速度快，正在逐步取代传统的书本式检索工具、卡片目录等方式。

图7－2　图书馆

2. 文献鉴别

在文献检索的任务基本完成后，就进入了对文献的鉴别阶段，包括鉴别文献的真假及质量的高低。鉴别文献的方法可分为“外审”和“内审”两类。外审法和内审法都是通过比较来进行鉴别，去伪存真，以提高收集文献的质量。

3. 文献整合

文献整合是指对已掌握的文献进行创造性的分析、综合、比较、概括等思维加工的过程。对文献进行整合常见的形式有：归纳法、演绎法、比较法等。

第八章　公共关系策划

一、教学目的

了解:公共关系策划就是公共关系人员根据组织形象的现状和目标要求,分析现有条件,谋划、设计最佳行动方案的过程。公共关系策划是从信息分析开始的,接着是目标的确定、公众的辨认、主题设计、媒介选择、经费预算、方案审定,最后以公共关系策划书的形式形成公共关系策划方案。

掌握主要知识点:公共关系策划的意义;公共关系目标的分类方法;公共关系策划方案;公共关系策划的方法。

二、教学重点与难点

1. 公共关系目标的分类方法。

2. 撰写公共关系策划书。

3. 公共关系策划的方法。

第一节　公共关系策划概述

一、公共关系策划的含义

公共关系策划指为达成组织目标，公共关系人员在充分进行环境分析调查基础上，对总体公共关系战略及具体公共关系活动所进行的谋略、计划和设计过程。

【案例】**某公司公共关系策划**

美国玩具业某公司生产的玩具曾在美国市场上走俏，在赚了13亿美元之后，该公司将目光瞄准了中国市场。起初，他们并未采用一般的营销方法，而是采用文化先行的心理战略，将一套与玩具相关的动画片无偿送给广州、上海、北京等大城市的电视台播放。半年之后，待我国广大少年儿童对剧中的角色津津乐道时，才将玩具大规模推入中国市场。眼看该公司的各种大大小小的玩具就呈现在眼前，孩子们非常高兴，一时间该公司的玩具风靡中国各大城市。

分析：预先的公共关系策划对社会组织的影响是非常重要的。

二、公共关系策划的意义

公共关系策划的意义有：

1. 推动目标管理，实现组织目标。
2. 提高信息传播的科学性。
3. 公共关系策划是公共关系价值的集中显现。

第二节　公共关系策划的一般程序

公共关系策划是从信息分析开始的，接着是目标的确定、公众的辨认、主题设计、媒介选择、经费预算、方案审定，最后以公共关系策划书的形式形成公共关系策划方案。

一、确定公共关系目标

公共关系目标就是社会组织实施公共关系活动所希望达到的形象状态和理想标准。

(一)公共关系目标的分类方法

1. 按公共关系目标的时间长短来划分

(1)长期目标。

(2)近期目标。

2. 按公共关系目标的功能定位来划分

(1)以信息传播为公共关系目标。

(2)以联络感情为公共关系目标。

(3)以改变态度为公共关系目标。

(4)以改变行为为公共关系目标。

(二)公共关系目标的具体原则

1. 一致性原则

目标应与组织的整体目标相一致,为组织整体目标服务。

2. 具体性原则

目标应具体明确、含义单一,避免使人产生多种理解。

3. 可行性原则

目标应符合当时的内外部条件,通过努力可实现。

4. 可控性原则

目标必须具有一定的弹性,在条件变化时仍能灵活应变。

二、分析目标的对象——公众

公共关系是以不同的方式针对不同的公众展开的,而不是像广告那样主要通过大众传媒把各种信息传播给大众。要使活动能有效实施,需要组织决定作为自己公共关系活动主要对象的那一部分公众,即目标公众。

目标公众的确定，有利于选定具体公共关系方案的实施，有利于确定工作的重点，科学地分配力量，有利于更好地选择传播媒介和传播技巧等。

三、设计公共关系策划方案

（一）确定公共关系策划的类型

从公共关系目标角度来看，公共关系策划的类型有五种。

1. 宣传型公共关系

如记者招待会、新闻发布会、演讲活动、新产品和新技术展示会、宣传资料和视听资料的制作、新闻事件策划、竞赛活动策划、对外开放参观活动等。

2. 交际型公共关系

如公众联谊会、座谈会、鸡尾酒会、自助餐、电影招待会、交际舞会、沙龙等。

3. 服务与公益型公共关系

如：售前与售后服务、导游、导购、送货上门、公共事业的完善服务等；社会节日庆祝活动、公益事业、开业庆典与周年纪念活动、迎新年展销会等。

4. 征询型公共关系

公众意愿调查、社会舆论调查。

5. 危机型公共关系

灵活多样，不确定。

（二）设计主题

公共关系活动主题是对公共关系活动内容的高度概括，提纲挈领，对整个公共关系活动起着指导作用。任何一个成功的公共关系活动都是由一系列活动项目组成的。为避免活动项目过多给人杂乱无章的印象，需要设计出一个统一、鲜明的主题，以统领整个活动。

主题的表现方式多种多样,它可以是一个口号,也可以是一句陈述或一个表白。

主题设计有四个要求:

1. 主题必须与公共关系目标一致,并能充分表现目标。

2. 主题要适应公众心理的需要,既要富有激情,又要使人感到亲切。

3. 主题应独特新颖,富有个性,突出活动的特色,给人留下深刻的长久印象。

4. 主题的表述应做到简明扼要,易于记忆和传播。

(三)选择媒介

1. 与目标相结合

选择媒介时应首先考虑组织的公共关系目标。

2. 与传播内容相结合

应将所传播的信息内容的特点和传播媒介的优缺点结合起来综合考虑。

3. 与传播对象相结合

应根据目标公众的年龄结构、职业性质、生活方式、教育程度、接受信息的习惯等选择媒介。

4. 与经费预算相结合

尽可能用有限的经费和资源创造最大的效益。

(四)编制经费预算

1. 经费预算

基本费用是指相对稳定的费用,包括人工报酬、办公费用、房租费和固定资产折旧费等。

活动费用是指随某项公共关系活动的开展而形成的费用,包括专项设施材料费、调查研究费、专家咨询费、活动招待费、广告宣传费、赞助费等开支。

2. 人力预算

人力预算是指对实现既定公共关系目标所需的人力进行初步的估算,应落实公共关系计划的实施需要组织投入多少人力、需要什么样的人才结构、是否需要外借人员等。

3. 时间预算

时间预算是指为公共关系具体目标的实现制定一个时间进程表，规定各阶段的具体工作内容以及所持续的时间，以便公共关系人员按部就班地进行工作。

(五)审定方案

1. 方案优化的方法

(1)重点法

公共关系策划者在对方案进行优化时，可首先分析在目的性、可行性、耗费三个方面中，哪个方面的增加或减少对方案的合理值影响最大，影响最大的方面则确定为重点。

(2)轮变法

以方案诸要素中的一个作为变数，其他的作为定数，并对作为变数的要素做量的增减，在其他要素不变的情况下提高合理值，直到不能再增加为止，然后换另一个要素作为变数，将其他要素作为定数，直到最后合理值不能再提高为止。

(3)反向增益法

这是以一个要素的较小变动去求得其他要素的较大变动的方法，即考虑如果增加少量成本，能否增加大量收益。

(4)优点综合法

就是将各个方案中可以移植的优点都综合到被选定的方案中，以使策划方案好上加好，达到最优的方法。

2. 方案审定需注意的一般问题

(1)公共关系目标的合理性。

(2)方案的可行性。

(3)费用的合理性。

(4)潜在的问题预测和防范。

四、撰写公共关系策划书

公共关系策划书是一份完整的公共关系策划方案的书面报告，是公共关系策划工作的最后一项程序。公共关系策划书的主体内容一般由背景概述、公共关系目标、公共关系项目、传播方式、时间地点、费用估算、实施程序等内容构成。

策划书的基本结构是:标题,背景概述,公共关系目标,公共关系项目,活动安排,媒体选择,经费预算,效果预测。

第三节　公共关系策划的原则及方法

一、公共关系策划的原则

公共关系策划的原则主要有:

1. 真实性原则。
2. 针对性原则。
3. 系统性原则。
4. 创造性原则。
5. 可行性原则。
6. 可调性原则。

二、公共关系策划的方法

(一)公共关系策划中的创造性思维

1. 灵感的激发

在策划中,新形象、新假设的产生往往带有突发性,它的产生往往借助外物、外部信息的激发,外物、外部信息与人们头脑中的知识信息突然得到巧妙的组合,便产生了灵感。活跃的灵感在创造性思维活动中起着非常重要的作用。

2. 想象的突破

所谓想象,指策划者对记忆中的表象进行加工后,得到的一种形象思维。

3. 诸因素的组合

在公共关系策划中，从思维的角度而言，根据制定的目标找到了相应的公众，从诸多信息中产生了主题，继而设计出各种计划和工作步骤。而从思维展开后又必须聚拢的角度来说，诸多因素必须组合成一个有机的计划。诸多因素的不同组合同样会使策划有新意。

4. 思维的超常

超常思维就是一种超常规的思维方法。公共关系策划人员抓住常规中的反常因素，不拘常规，从多面和反常的角度来突破常规思维定式，做超常思维，以达到出奇制胜的效果。

运用超常思维时要注意：第一，自觉拓宽思维的空间；第二，敢于变通、善于变通；第三，注意市场调查研究，扩大信息的输入量。

5. 思维的碰撞

思维碰撞法又称智力激励法、头脑风暴法。它是世界上最早的一种创造技法，是由美国现代创造学奠基人奥斯本创立的。思维碰撞法是在较短的时间内开发人的创造力，产生创意的方法。

6. 逆向思维

公共关系策划中的逆向思维，就是突破常规，突破习惯，以求惊人之效果。即人们应从与习惯思路相反的角度，做反向思维，以找到出奇制胜之道。

（二）公共关系活动的基本方法

1. 审时，借时：争先，乘机，后发。

2. 度势，借势，造势。

（1）借势：借名人之势，借热点之势。

（2）造势：无中造有，小中造大。

3. 择术：以诚换诚术，以攻为守术，自扬家丑术，强化特色术，借尸还魂术。

复习思考题

1. 公共关系策划的基本方法有哪些？请简述公共关系策划与创造性思维的关系。

2. 撰写公共关系策划书的要求有哪些？请模拟某社会组织的公共关系活动，撰写一份公共关系策划书。

第九章　公共关系实施与评估

一、教学目的

了解:公共关系实施是在公共关系策划被采纳以后,将公共关系策划所确定的内容变为现实的过程。公共关系评估就是根据特定的标准,对公共关系策划、实施及效果进行检查、评价,从中发现问题,判断其优劣,及时修订计划,进一步调整和完善组织形象的过程。公共关系实施与公共关系评估对整个公共关系工作都具有十分重要的意义。

掌握主要知识点:公共关系实施的原则和方法;公共关系评估的分类;公共关系评估的依据与方法;公共关系评估的内容。

二、教学重点与难点

1. 公共关系实施的原则和方法。
2. 公共关系评估的分类。
3. 公共关系评估的方法。
4. 公共关系工作程序评估和专项公共关系活动评估。

第一节　公共关系实施

一、公共关系实施的意义

公共关系实施是在公共关系策划被采纳以后，将公共关系策划所确定的内容变为现实的过程，这是公共关系工作的第三个步骤，也是最复杂、最多变的环节。事实上，只有把优秀的公共关系策划方案付诸实施，才能为组织塑造良好的社会形象，影响公众舆论，优化组织环境。因此，公共关系实施对整个公共关系工作具有十分重要的意义。

1. 公共关系实施是解决问题的中心环节。

2. 公共关系实施决定着公共关系策划实现的程度和范围。

3. 公共关系实施的结果是后续方案制定的基础和重要依据。

二、影响公共关系实施的因素

影响公共关系实施的因素是多而复杂的，一般来说，主要来自三个方面，即公共关系策划本身的目标障碍、实施过程中的沟通障碍及突发事件的干扰。

（一）公共关系策划方案中的目标障碍

目标障碍是指在公共关系策划方案中拟定的公共关系目标不正确或不明确、不具体而给实施带来的障碍。

公共关系策划应注意：

1. 是否切合实际。

2. 是否可以进行比较和衡量。

3. 是否指出了所期望的结果。

4. 实施者在职权范围内是否能完成。

5. 是否规定了完成的期限。

（二）公共关系实施过程中的沟通障碍

公共关系实施过程中的沟通障碍主要有：

1. 语言障碍。

2. 观念障碍。

3. 习俗障碍。

4. 心理障碍。

5. 组织障碍。

（三）突发事件的干扰

突发事件包括两大类：一类是人为的纠纷危机，另一类是不以人的意志为转移的灾害危机。

三、公共关系实施的原则和方法

（一）目标导向的原则与方法

所谓目标导向原则是指在公共关系实施的过程中，保证公共关系实施活动不偏离公共关系目标的原则。在这一原则指导下有两种工作方法：一是线性排列法，二是多线性排列法。

（二）控制进度的原则与方法

控制进度的原则与方法是指根据公共关系目标的需要，按照一定的程序掌握工作进度，以避免不协调的现象。

（三）整体协调的原则和方法

所谓整体协调的原则与方法就是在公共关系实施过程中，使工作涉及的各方面达到合理互补、配合协调、和谐统一状态。

（四）正确选择时机的原则和方法

选择公共关系活动的良好时机，既要避免错失良机，又要规避错误的时机。

第二节 公共关系评估

一、公共关系评估的概念和意义

公共关系评估就是根据特定的标准，对公共关系策划、实施及效果进行检查、评价，从中发现问题，判断其优劣，及时修订计划，进一步调整和完善组织形象的过程。公共关系评估是公共关系工作程序的最后一步。它在整个公共关系工作中具有重要作用。

1. 公共关系评估是改进公共关系工作的主要环节。

2. 公共关系评估是后续公共关系工作的必要前提。

3. 公共关系评估是鼓舞士气、激励内部公众的重要形式。

4. 公共关系评估是有效提高公共关系部效率的手段。

二、公共关系评估的分类

(一)公共关系评估的基本形式

分为组织形象评估、工作成效评估和传播效果评估等。

(二)按评估的功能分类

分为状态评估、调查评估、传播评估和成果评估。

1. 状态评估的目的是了解组织的各类公众对组织的政策、产品、服务等的态度，以此为基础分析原因，寻找解决问题的方法。

2. 调查评估是在公共关系调查结束后、调查报告撰写前，对整个调查活动进行评估。

3. 传播评估是对传播本身效果进行评估，目的是及时获取反馈信息，适时调节控制，缩小工作过程与工作目标的差距。

4. 成果评估是在公共关系活动结束后，对最终成果做出价值判断。

(三)按参与评价的主体分类

分为自我评估、专家评估、公众评估。

(四)按评估的方法分类

分为定量评估和定性评估。

(五)按评估的形式分类

分为正式报告和非正式报告。

第三节　公共关系评估的程序和内容

一、公共关系评估的程序

1. 明确评价标准,并进行全面检查。
2. 依据评价标准,对公共关系工作进行评估分析。
3. 向组织的决策者和最高领导层汇报评估结果。
4. 评价结果的运用,评价的最终目的就是在公共关系工作中应用它。

二、公共关系评估的依据与方法

(一)公共关系评估的依据

1. 根据大众媒介传播的情况来评估

如根据报道的数量、质量、新闻传播媒介的影响力评估。

2. 根据组织内部资料来评估

如根据领导层、员工、内部报表等对公共关系实施效果评估。

3. 根据组织外部资料来评估

如根据政府、公众、消费者以及相关组织的信息反馈评估。

4. 对公共关系活动实施效果的评估标准

如根据了解信息内容的公众数量、改变观点和态度的公众数量、发生期望行为与重复期望行为的公众数量评估。

（二）公共关系评估的方法

1. 报告法

将一定时期内的公共关系活动用口头或文字的形式向有关部门报告。

2. 内部评估法

组织内部各职能部门对公共关系工作进行评估。

3. 外部监察法

聘请有关的组织外专家、学者对本组织公共关系活动进行评估。

4. 比较法

对公共关系活动前后所做的调查结果进行比较，衡量活动效果。

5. 实验法

从影响公共关系活动的若干因素中，选择一两个关键因素，在小范围内将其改变，进行试验，观察能否得到积极的结果，然后决定是否大规模推广。

三、公共关系评估的内容

（一）公共关系工作程序评估

1. 调查过程评估

包括公共关系调查设计是否合理、调查方法的选择是否恰当、调查工作的组织实施是否合理、调查结论分析是否科学等。

2. 计划过程评估

包括公共关系策划的目标是否科学，总体计划是否可行、合理，战略构想是否周密、科学，目标公众选择有无遗漏、是否科学，媒介选择及媒介策略是否得当，经费预算是否合理，等等。

3. **实施过程评估**

包括各项准备工作、沟通协调工作是否落实到位,实施过程安排是否合理、周到、有创新,信息制作的内容是否准确,传播效果是否明显,实施过程的安排是否得当,实施效果是否达到目标要求,等等。

(二)专项公共关系活动评估

主要包括以下四类:

1. 日常公共关系活动成效评估。
2. 单项公共关系效果评估。
3. 年度公共关系活动效果评估。
4. 长期公共关系活动效果评估。

【案例】IBM公司的"金环庆典"活动①

美国IBM公司每年都要举办一次隆重的庆功会,对那些在一年中做出过突出贡献的销售人员进行表彰。这些活动常常是在风光旖旎的地方进行。这种庆功会被称作"金环庆典"。在庆典中,IBM公司的最高层管理人员始终在场,并主持盛大、庄重的颁奖酒会,然后放映由公司自己制作的表现那些做出了突出贡献的销售人员的工作情况、家庭生活乃至业余爱好的影片。被邀请参加庆典的人不仅有股东代表、工人代表、社会名流,还有那些做出了突出贡献的销售人员的家属和亲友。整个庆典活动,自始至终都被录制成影片,然后被拿到IBM公司的每一个单位去放映。

分析:IBM公司的"金环庆典"活动对企业公共关系的发展有着极其重要的现实意义。第一,它可以增强企业内部的凝聚力与向心力,显现企业文化的氛围;第二,它可以使员工家庭和睦、健康;第三,它可以使企业员工的积极性更高,使企业形象更好;第四,它可以使企业的社会效益和经济效益得到同步增长。

【案例】北京王府井百货大楼企业形象案例②

闻名中外的北京王府井百货大楼(王府井集团的前身),是新中国成立以后我国自己投资建设的第一家大型百货商店,因而有"新中国第一

① IBM公司的"金环庆典"活动。http://www.docin.com/p-1088660715.html。

② 北京王府井百货大楼企业形象案例。http://www.docin.com/p-274746527.html。

店”的美称。1995 年，王府井百货大楼迎来了她的 40 华诞。40 年过去了，大楼要为辉煌的过去画上个圆满的句号，“从零开始二次创业”！

此时，百货大楼不仅处在由一个单一所有制的国有企业向产权多元化的股份制企业转变期，而且也面临市场上经营多元化、业务形式多元化、目标市场细分化的日趋立体的商业格局。同行的竞争、市场的挑战，百货大楼选择了保持优势，走创造辉煌的二次创业之路，并在 40 华诞之际由公共关系部策划，推出了“40 年真情不变”系列活动，把企业的庆典活动与塑造企业跨世纪的新形象结合起来，借以造势。

分析：庆典是一个系统工程，有许多文章可以做。

庆典希望有大量新闻报道，这就需要公共关系人员事先策划出一些值得报道的事情来。不能靠人情、关系甚至是有偿新闻去争取报道。策划新闻与庆典结合，才是成功的公共关系。

【案例】**惠普企业形象公共关系案例**①

原国家经贸委培训司在 1999 年 4 月推出了题为“世纪变革中的企业经营管理——世界 500 强企业系列讲座”。讲座邀请美国惠普公司路·普莱特先生与海尔集团总裁张瑞敏先生作为主讲人，采用电视现场讨论和对话的方式，由两位主讲人结合各自企业的实际发展状况及成功经验，就企业文化、管理理念、经营战略和具体的管理技巧等畅抒己见。惠普公司希望把路·普莱特先生这次中国之行搞成一次有影响的公共关系活动。

1. 项目调查

经过周密认真的调查，公司有了以下几点重要发现：

首先，惠普公司希望通过这次活动，宣传“惠普之道”，提高其在中国的企业形象。

其次，原国家经贸委希望通过这类活动，增进中外企业界之间的交流与合作。

再次，海尔集团对这次青岛论坛会的活动存在某些疑虑，海尔集团老总张瑞敏先生担心路·普莱特先生风头过旺，使他沦为一个配角。

① 惠普企业形象公关案例。https://wenku.baidu.com/view/3222db66f5335a8102d2200b.html。

2. 项目策划

(1)活动目标

强调惠普公司长期扎根中国市场的策略以及对中国客户长期不变的承诺与伙伴关系。

树立惠普公司在经营管理经验方面的业界领先地位,尽快消除海尔集团方面的疑虑,确保青岛论坛会的顺利与成功。

为惠普公司提供积极、广泛、有深度的媒体报道,广泛树立惠普公司在中国的企业形象。

(2)媒体选择

报道覆盖范围大,最大限度地发挥此次活动的公共关系效应。

全面宣传本次活动的新闻要点,重要媒体能对此次活动进行深入报道。最终确定了北京的中央电视台、《经济日报》、《中国经营报》、《中国日报》、《人民日报海外版》等 18 家,上海的《文汇报》,青岛的青岛电视台、《青岛日报》等媒体。

3. 项目实施

前期准备工作包括与原国家经贸委的协调、与展览设计公司及其他供应商的协调、与媒体的协调。

与中央电视台的合作是确保青岛论坛会成功的关键之一,为给中央电视台方面提供更全面、翔实的背景资料,企业采访了北京大学光华管理学院于鸿君教授、曹凤岐教授、何志毅教授,倾听他们对海尔集团的研究成果以及对青岛论坛会选题方面的意见。

企业还参考了光华管理学院《中国企业案例库》关于惠普与海尔的案例分析,调研考察报告,获取了较为翔实的书面资料。

媒介关系是这次公共关系活动的一个重要组成部分。

考虑到青岛论坛会活动内容及性质,惠普邀请的主要是相关媒体的高级记者或编辑以及负责管理版的记者与编辑。

应邀前往的记者除参加论坛会现场活动外,还参加了惠普专门组织的对路·普莱特先生的集体采访。

4. 项目评估

第一,这次活动影响力大。很多中国惠普的员工从报纸上、杂志上看到大量有关这次活动的深入报道,都感觉非常自豪。

第二，这次活动的成功举办以及电视观众的积极反馈，为企业的合作伙伴《经济半小时》栏目的改版提供了一个很有价值的经验。

第三，《经济半小时》栏目的电视对话节目，成为该栏目的特色。

第四，很多公共关系界同行对这次活动的创意以及成功举办给予高度评价。

第五，媒体报道相当令人满意。中央电视台《经济半小时》连续两天的报道在社会上产生了积极的效果；纸质媒体的报道不但及时、准确，向受众传递了惠普希望传达的信息，而且报道的版面大、内容深入充分，大部分媒体的报道还占据了整版或半版篇幅。

复习思考题

1. 你怎样理解公共关系实施及评估的意义？

2. 请问公共关系评估的内容和方法有哪些？

3. 试以某组织为例，进行一次公共关系专题策划活动，并进行此次活动的结果评估。

第十章　组织内外部公共关系

一、教学目的

了解：组织内部公共关系包括一个组织机构里上下级之间的关系和各个职能部门、科室、班组、内部员工之间的关系。良好的组织形象和卓越的事业成就，来自组织全体员工的共同努力和不懈奋斗，来自组织内部良好的公共关系。组织外部公共关系包括顾客关系、社区关系、媒介关系、政府关系和名流关系，处理这些关系要讲究技巧，以和为贵。

掌握主要知识点：内部公共关系的种类；建立良好的员工关系的方法；全员公关意识；组织外部公共关系。

二、教学重点与难点

1. 组织内部公共关系：员工关系、部门关系、股东关系。

2. 组织内部员工的激励机制。

3. 全员公关意识。

4. 组织外部公共关系：顾客关系、社区关系、媒介关系、政府关系和名流关系。

第一节　组织内部公共关系

一、组织内部公共关系的内涵

内部公共关系包括一个组织机构里上下级之间的关系和各个职能部门、科室、班组、内部员工之间的关系。

团结组织内部的全体员工,协调组织内部各个部门之间、各类员工之同的合作关系,使组织内部上下左右各方共同为组织的目标而奋斗,这是内部公共关系工作的根本任务和宗旨。良好的组织形象和卓越的事业成就,来自组织全体员工的共同努力和不解奋斗,来自组织内部良好的公共关系。

【案例】IBM 公司拴住了员工的心

IBM 公司没有工会,但每个员工都能全心全意地为公司尽职尽责,从不懈怠,原因是 IBM 公司制定了一套让员工充分施展才华、发挥作用的完整措施。该公司非常注重发挥员工的才能,如果员工对本职工作不感兴趣,那么公司可以为其调换工作;如果员工工作中出现了差错,公司也尽量创造机会使其改进,从不采取解雇员工的消极手段处理问题。

在 IBM 公司就职的员工,每人都有最佳的晋升机会与能力表现环境,因此,人人感到心情舒畅。该公司实行的是终身雇佣制,以此消除员工的后顾之忧,使员工具有安全感和归属感。IBM 公司取消了计件工资的计酬办法,它不相信"绝对工作标准",而只期望每位员工都尽心尽力,这使员工保持了自身的尊严,使公司内的工作气氛非常民主。IBM 公司实行高工资和高福利措施,让员工产生优越感和自豪感,进入公司后就再也不想离去。

IBM 公司设立了一条规定:任何员工,如果感到自己受到了不公平的待遇,可以向主管经理投诉,如果得到不满意的答复,还可以越级上诉,直到问题圆满解决为止。该公司允许任何一个员工直接向总经理面诉苦衷,同时还设立许多意见箱,鼓励员工大胆提出改革意见,如被采纳便给予重视。据统计,该公司每年收到的意见卡有 10 万张之多。

在推销方法上，IBM 公司有一套十分严格的推销道德规范。这些规范包括不批评竞争对手及其产品、不向已与他人签订订单的人做游说、绝对不贿赂对方等。该公司的座右铭是“诚实”，要求推销人员必须机智、灵敏、富于竞争精神，但又要求他们必须以诚实、坦率的方法去竞争。

曾被誉为“企业管理天才”的 IBM 创始人汤姆·约翰·沃特森在分析公司获得成功的原因时说：“你可以接收我的工厂、烧掉我的厂房，但只要留下这些人，我就可以重新建起 IBM。”

时任总经理奥培尔则说：“公司是人办的，公司成功的秘诀在于人，IBM 拥有一批努力工作又能在工作中相互支持的人。”

IBM 公司善于处理企业和员工之间的关系，使团队的每个成员都能在公司中实现个人价值。每个员工都不想离开公司，公司就拴住了员工的心。

二、内部公共关系的种类

(一)员工关系

1. 管理人员关系

【案例】福特管理人员流失

艾柯卡就任克莱斯勒总裁后，立即招募“福特人”，不仅招聘了退休的福特公司的 3 名经理，而且挖走了在岗的 300 多名高管、初级管理人员和工程技术人员。杰拉德·格林沃尔德是福特汽车公司的主要骨干，艾柯卡花了整整 4 个月时间，终于把他拉进克莱斯勒公司出任财务主审官。在格林沃尔德的帮助下，又挖来了罗伯特·米勒——福特财务部的业务员，他的任务是与 400 家银行打交道；还挖来了福特公司的销售经理、福特公司的副总经理和一大批年轻的生产管理人员。结果，福特公司因骨干“流失”，业绩大大下降，竞争实力大大削弱。

2. 技术人员关系

【案例】福特为了一个技术员买下整个公司

1923 年，美国的福特公司有一台电动机坏了，公司所有的工程技术人员都没能修好，只好请来一个人，这个人叫斯坦因曼斯，原是德国工程技术人员,来到美国后,一家小公司的老板雇用了他。他在电动机旁听了3天,之后要了一架小梯子,一会儿爬上去,一会儿爬下来,最后在电动机的一个部位用粉笔画了一道线,写上"这儿的线圈多了16圈"。把这16圈线圈拿下来后,电动机马上运转正常,福特公司给了他1万美元酬金。福特对这个人非常欣赏,一定要他到福特公司来。这个德国人说:"我的公司对我很好,我不能见利忘义。"福特说:"我要把你所在的公司买过来。"

3. 操作人员关系

【案例】员工第一,客户第二

美国著名旅游公司罗森布鲁斯提出"员工第一,客户第二"的经营理念。他们认为只有公司把员工当"上帝",员工才能把顾客当"上帝"。该公司在这样的经营理念指导下,形成了一套独特的企业文化,即公司为员工营造一个"快乐的工作环境",员工为公司创造"令人震惊的工作成果",二者有机地融为一体。

员工关系包括企业内的全部人事关系,它是最重要的内部公共关系,是企业公共关系的起点,整个公共关系工作就从健康良好的员工关系开始。员工是企业赖以存活的细胞,与企业的目标和利益关系密切。企业的一切方针、政策、计划、措施,必须得到他们的理解、支持和身体力行才能实现。

(二)部门关系

部门关系可以分为上下级职能部门关系和平行职能部门关系。

(三)股东关系

股东关系是企业内部公共关系的重要组成部分。股东与企业的利益关系密切,股东既是企业的支柱,又可以成为企业活动的最积极的赞助者。

企业公共关系部的任务之一是树立企业在股东心目中的良好形象,有责任收集来自股东方面的信息报告给有关领导部门,采用年终总结促进企业与股东之间的信息交流。

【案例】通用汽车公司给新股东的信

美国通用汽车公司是拥有上百万股东的巨型公司。每位新股东都会收到董事长的欢迎信,信中列举公司的主要产品,并写道:“通用是您的公司——请购买并推荐通用的产品。”在寄给股东的年度、季度报告中,也印有产品的照片和说明。

三、内部公共关系的作用

内部公共关系的作用主要有:

1. 凝聚作用。
2. 激励作用。
3. 导向作用。
4. 规范和约束作用。
5. 辐射作用。
6. 调适作用。

四、内部公共关系的沟通目的和形式

(一)内部公共关系的沟通目的

1. 造就员工良好的价值观念。
2. 增加内部凝聚力和向心力。

(二)内部公共关系的沟通形式

内部公共关系的沟通形式主要有如下几类:

1. 正式沟通与非正式沟通。
2. 单向沟通与双向沟通。
3. 横向沟通与纵向沟通。
4. 书面沟通与口头沟通。

第二节　建立良好的员工关系

一、物质激励和精神激励

【案例】**海尔公司拴住了员工的心**

海尔公司在充分承认员工的工作业绩、调动员工的积极性方面独树一帜。海尔公司有严格管理的一面，在严格管理中用考核绩效兑现报酬，用物质利益激发员工动机，鼓励员工行为，形成员工动力，产生企业生机；海尔公司有追求员工自主管理、自觉状态的一面，他们不仅仅停留在物质激励上，还从社会主义事业本身要求出发，在精神激励方面下功夫，不断提高员工的地位。

海尔公司有一名员工，是电冰箱总装车间的一名普通操作工。她看到放置门体的工作台影响操作时的观察，进而影响加工的质量和效率，便琢磨利用折射原理，在钻台前放面镜子，一试，效果绝佳。公司立即支持其立起一面一米二的镜子，还用她的名字为镜子命名为“云燕镜子”。这一举措不但激励了这名员工，还激励了全体员工的主人翁创造精神。

二、让员工成为组织的主人

只有充分发挥员工的主人翁精神，才能真正充分调动员工的积极性。

【案例】**员工关系，伙伴同人**①

美国沃尔玛公司与员工的关系是一种真正意义上的伙伴同人关系，这是该公司面对竞争能够表现出色的原因之一。沃尔玛向每一位员工实施“利润分红计划”，同时实施的还有“购买股票计划”“员工折扣规定”等。除了以上这些，员工还享受一些基本待遇。员工在沃尔玛的奖励下积极贡献着自己的力量。

---

① 引自张百章，《公共关系原理与实务》，东北财经大学出版社2002年版。

三、其他

1. 关心员工。
2. 重视人才,培养人才。
3. 对员工的贡献表示赞许,使员工有成就感。
4. 重视内部的交流沟通,要让员工倾吐心声。
5. 鼓励员工参与管理。
6. 创造良好的工作环境。

第三节　组织文化的内涵及全员公关意识

一、组织文化的内涵

组织文化,或称企业文化,是一个组织由其价值观、信念、仪式、符号、处事方式等组成的特有的文化形象。

广义的组织文化是指组织所创造的具有自身特点的物质文化和精神文化。

狭义的组织文化是组织所形成的具有自身个性的经营宗旨、价值观和道德行为准则的综合。

【案例】联邦快递的创始人——弗雷德·史密斯

1971 年,弗雷德·史密斯在一个废弃的军用机场里开启了自己的创业生涯,几十年过去了,联邦快递已经变成了遍及全球 220 多个国家和地区的快递商,是全球 500 强企业之一。弗雷德·史密斯有一句话:“行动中思想着。”从这句话可以看出,作为联邦快递的创始人,他认为速度是最重要的,速度对自己的创业来讲就是核心文化,所以他强调速度、行动与敏捷。弗雷德·史密斯形成了自己的文化,并把这种价值和文化灌输下去,而员工就逐渐体会并形成一种共同的价值观。可以说,在过去的几十年里,做事不积极、不敏捷、不快速的人是无法在联邦快递工作的。

【案例】沃尔玛创始人——山姆·沃尔顿

美国的沃尔玛创始人山姆·沃尔顿1992年去世了,但是他留下来的文化到今天都影响着整个沃尔玛。他有个习惯就是站在店门口。有一天他看到一个老太太走出沃尔玛时,居然两手空空,于是他就上前问这么大的一个沃尔玛没有东西可以买吗?老太太说是来给孙子买玩具的,要买一个机器人和一个宇宙战舰,里面没有。于是他就亲自带这位老太太去玩具部买到了她需要的玩具。老太太很高兴地付了钱,抱着玩具走了。之后,他把主管叫过来训了一顿:"我付钱让你们过来当我的主管,是叫你们看住客户,你看着人家两手空空出去,居然没有任何反应?"

这后来就变成了沃尔玛的一种文化,沃尔玛的主管都会注意看顾客手上有没有拿东西,一定要想办法让顾客满载而归。

二、全员公关意识

全员公关意识又称"全员PR意识",是指组织全体人员都要具备公共关系的意识。

第四节 组织外部公共关系

一、顾客关系

顾客是组织最大的外部公共关系对象,组织目标的最终达成,需要依靠顾客的介入。商店顾客的示意图可见图10-1。

图 10-1　商店顾客

顾客包括消费者、供应商和经销商。

组织必须花大力气来研究消费者的心理和行为导向，从产品开发、改进、完善，到销售和售后服务，组织都必须以消费者为主导，根据消费者意愿来调节自身的行为，这包括：

1. 了解顾客的心理和需求。

2. 向顾客提供优质产品，创名牌。

3. 向顾客提供完善的服务。

4. 尊重顾客的权利，保护顾客的利益，妥善处理与顾客间的纠纷。

二、社区关系

社区关系是指组织与周围同处于这一区域的其他组织或个人的关系。社区关系直接影响着组织的生存环境和组织的公众形象。

组织首先要为社区做贡献；其次，要努力获取社区的了解、理解、支持，从而为组织营造良好的外部环境；最后，要发挥各自优势，本着互惠互利的原则，使组织与社区同步发展、共同繁荣。

三、媒介关系

媒介关系又称新闻界关系。沟通组织与社会的大众传播媒介，主要指报纸、杂志、书籍、广播、电视、电影等媒介，具有传递信息快、影响力强、威望高等特性。良好的媒介关系有利于形成良好的公众舆论，也是运用大众传播手段的前提。

组织处理与新闻界的关系：

首先，应当尊重新闻自由，不要试图主宰和影响新闻界自主的立场。

其次，应当公开事实真相，配合新闻界了解情况和进行采访。

最后，要加强与新闻界的日常沟通，与新闻界的同人交朋友，经常为新闻界提供稿件等。

四、政府关系

组织在处理与政府关系时，首先，必须坚持国家利益至上的原则，树立全局观念，规范地遵守国家制定的政策、法令，自觉地接受政府的管理和宏观调控；其次，努力寻求政府的支持；最后，与政府机构建立经常性的、密切的联系。

五、名流关系

名流指那些对社会舆论和社会生活具有较大的影响力和号召力的有名望的人士。良好的名流关系有助于组织扩大公共关系网络，扩大公众影响力，树立良好的组织形象；有助于组织充分利用他们的知识和专长为经营管理提供有益的意见咨询；有助于组织广结善缘；有助于组织借助名流较高的社会声望，提高本组织的知名度。

复习思考题

1. 内部公共关系的作用有哪些?
2. 内部公共关系的沟通形式有哪些?各有什么优缺点?
3. 如何处理顾客关系?

第十一章　公共关系谈判

一、教学目的

了解:公共关系谈判是社会组织之间、社会组织与公众沟通的重要手段,是各方为化解冲突而进行沟通的过程,目的是使各方达成一项协议、解决一个问题或做出某种安排。公共关系谈判应当遵循真诚坦率、开诚布公、实事求是的原则。不同国家由于风俗习惯、思维模式、价值观的差异,呈现不同的谈判风格。

掌握主要知识点:公共关系谈判的基本特征和原则;谈判结构和背景;谈判过程;谈判技巧;世界各国谈判风格。

二、教学重点与难点

1. 公共关系谈判原则。

2. 谈判结构:人员构成和议题构成。

3. 谈判背景:人员背景和环境背景。

4. 谈判过程:探询阶段,准备阶段,接触阶段,磋商阶段,小结或休会阶段,终结阶段。

5. 谈判技巧:提问的技巧,回答的技巧,叙述的技巧。

6. 英国、德国、法国和美国的谈判风格。

第一节　公共关系谈判概述

一、公共关系谈判的含义

公共关系谈判是社会组织之间、社会组织与公众沟通的重要手段。当社会组织的利益与公众的利益发生冲突时，人们也会用谈判的方式加以解决。

公共关系谈判是各方为化解冲突而进行沟通的过程，目的是使各方达成一项协议、解决一个问题或做出某种安排。

公共关系谈判示意图见图 11－1。

图 11－1　公共关系谈判

二、公共关系谈判的基本特征

(一)组织性

公共关系谈判是有计划、有目的的组织行为。

(二)效益导向性

公共关系谈判注重利益,一切皆以最终的利益为准绳。

(三)技巧性

公共关系谈判人员除了熟练掌握自己专业方面的知识外,还应当学习和掌握谈判的方法和技巧,学习心理学、社会学等知识。

三、公共关系谈判的原则

公共关系谈判的原则主要有:

1. 真诚坦率,开诚布公,实事求是。
2. 求大同,存小异。
3. 时间效率原则。
4. 确定灵活原则。

第二节　谈判结构和背景

一、谈判结构的内涵

谈判结构可以从主观和客观两个方面来看:主观谈判结构主要是指当事人的构成及其分工、当事人精力的分配;客观谈判结构主要是指谈判议题的构成形式及谈判形式、谈判背景。

（一）谈判当事人的构成及其分工

1. 主谈人

主谈人是场内谈判代表、谈判桌上的主要发言人、现场谈判的组织者。

2. 协谈人

协谈人是场内谈判代表，不充当本方的发言人，只是作为谈判的参与者发挥其协助谈判的作用。

3. 场外人员

场内谈判代表称作“一线人员”，场外人员称作“二线人员”。场内谈判代表在谈判桌上的工作大部分要依靠场外人员的支持和配合才能完成好。

（二）谈判议题的构成形式及谈判形式

1. 谈判议题的构成形式

主要议题（议案），一般议题（议案），主要议题框架下的分议题，以主要议题为中心的多个并列议题，互相包容或互相影响的复合议题。

2. 谈判形式

（1）横向谈判形式

横向谈判形式指几个议题同时进行谈判，通常采取分组谈判的做法。

（2）纵向谈判形式

纵向谈判形式指谈判各方首先在谈判议程上达成协议，随之先集中解决某一个议题，然后以这个议题的解决为基础或前提去解决第二个议题，以此类推。

（3）软式谈判

软式谈判即温和式谈判。指一方主体因有求于另一方，希望避免冲突、顺利达成协议而采用的谈判方式。

（4）硬式谈判

硬式谈判即立场式谈判。指一方主体自认为实力强大并企图压倒对方而采用的以强欺弱的谈判方式。

（5）从属式谈判

从属式谈判指针对单方主体提出的议题而展开讨论的谈判方式。

(6)独立式谈判

独立式谈判指针对双方主体提出的议题而展开讨论的谈判方式。

(7)原则式谈判

原则式谈判也叫作事实谈判法,由哈佛大学谈判研究中心最先正式提出,所以也叫作“哈佛谈判术”。

二、谈判背景

谈判人员背景(如各方人员所处的地位、受教育情况、个人素质、知识结构、谈判能力、社会关系、人际关系等)与环境背景(如政治环境、经济环境、国家间的关系等)是影响谈判形式及谈判前景的重要因素。

第三节 谈判过程

无论谈判的类型及谈判的结构如何,谈判总是在一定时间和一定地点进行的。从其过程上看,可以划分为如下几个阶段:探询阶段,准备阶段,接触阶段,磋商阶段,小结或休会阶段,终结阶段。

一、探询阶段

谈判者为了实现本方既定的目标或完成自己的使命而探求解决办法,确定或寻找谈判对象,以及为此进行工作组织、资料准备的阶段。

探询阶段表现形式是访问考察、技术交流、学术会议、函电往来、人员互访、广告招商、新闻发布、委托第三方代理等。探询阶段的作用有两个:寻求谈判对象并为此搜集情报,扩大交流并广泛结交朋友。

二、准备阶段

谈判前各方的准备是否充分将直接影响谈判的进程和结果。谈判准备工作做得好,谈判者在谈判过程中对进程和方向的把控性就大,手段的运用就比较合理,可有效地提高谈判效率,避免出现纠缠细节、枝节的情况。

谈判者在确定谈判对象和明确谈判任务、目标之后，应做如下工作：调查对手或对手委托人的背景，对彼此的状况做一次全面细致的分析，进行谈判方案的研究。具体有：谈判人员的准备（人数的多少、构成的比例、配置的合理性），信息的准备（市场的、竞争对手的、科技的、政策法规的、金融的等），目标与对象的确定（主题、目标、优化），谈判的时空选择（时间、地点），谈判方案的制定（方案的基本要求、方案的主要内容），谈判的模拟（拟定假设、想象谈判全过程、集体模拟），谈判底线的确定（价格水平、支付方式、保证期的长短等）。

三、接触阶段

这个阶段对整个谈判过程具有重大影响，其原因在于：第一，开始接触时所选择的最初的谈判话题和讨论方式，会对后面谈判的议题和解决问题的方式产生影响，而且这种方式一经各方认可，就难以改变。第二，由于在这个阶段各方均会以特有的方式表明自己的立场，各方自然也会从对方的举止言行中观察、分析对方，以此确定自己的行动方式。第三，在这个阶段形成的谈判气氛和人际关系，会有一定的惯性，它会对以后的谈判气氛及人际关系产生影响，进而影响谈判的实质内容。

在这个阶段，谈判者要充分发挥“个人影响”的作用。

双方先寒暄、交谈一番，然后才开始处理谈判中的实质问题。

若谈判者们已经站着交谈了一会儿，并开始走向各自的座位，这预示着正式谈判开始。

谈判者要努力打造一种易使各方意见趋于一致的意向，创造出和谐的开场气氛，并逐步引导谈判过程向达成共识的方向发展。

四、磋商阶段

磋商是谈判过程的核心内容。在磋商阶段谈判各方将经过讨价还价达成某种程度的相互妥协。这个过程可以通过面谈进行，也可以通过书面形式或其他形式进行。

谈判者在这个过程中,一方面要争取尽可能多的利益,另一方面又要设法让对方从中得到尽可能大的满足。此阶段,应本着双赢的原则。

五、小结或休会阶段

非必需的过程。只有当谈判中需要清理局面、重造气氛、各方修改交易条件或需要第三方介入调解时,这个阶段才会进行。

通过小结,既可理顺前面已形成的积极成果,并适时地加以引导,又可消除某些混乱的局面。

休会是暂停谈判的较好形式。休会可以是共同的行为,也可以是单方面的行为。在休会期间,谈判者必须积极地寻求解决问题的新办法、新途径,而不应该被动地等待环境的变化。

六、终结阶段

终结阶段是谈判的最后阶段,它标志着谈判即将结束。这个阶段的到来有一些特别的信号,谈判者要善于识别。对信号的准确识别,有助于谈判者做好相应的收尾工作,集中精力处理并巩固最后的结果。

谈判者注意的问题:

1. 经过磋商,还有多少分歧。

2. 交易条件是否已经成熟。

3. 谈判各方对谈判活动的态度及评价是否一致。

终结表现为成交、破裂、中止。

第四节　谈判技巧

一、谈判语言

(一)谈判语言分类

1. 依照谈判语言表达形式的特点分类

(1)口头谈判语言,电话谈判语言。

(2)书面谈判语言(以文件、规定、说明等形式表达谈判意图或条件)。

(3)函电谈判语言,这是一种特殊的书面谈判语言,与电信技术进步相对应,有精炼、保密性好等特点。

2. 依照谈判领域的性质分类

(1)外交语言。

(2)商务语言。

(3)政治语言。

(4)司法语言。

(二)影响谈判语言运用的主要因素

1. 谈判领域的差异,如政治谈判领域、外交谈判领域、商务谈判领域等在内容、要求、目的、对象、范围、影响力等方面的差异。

2. 谈判活动的性质(如对抗性与协调性谈判、竞争性与合作性谈判、调停性与仲裁性谈判、正式谈判与非正式谈判)不同。

3. 谈判各方的力量对比,如实力的强与弱、变化的大与小、环境的优与劣等。

4. 谈判各方的谈判策略。

5. 谈判者的文化修养及知识水平。

6. 谈判者彼此的了解及熟悉程度。

7. 谈判者彼此的个人私交。

8. 谈判者自身的心理状态。

9. 谈判者的个人谈判风格。

10. 谈判者的风度及给对方的印象。

11. 谈判者的权力大小。

12. 谈判者扮演的谈判角色。

前三项是最基本的影响因素,是后面各项因素的前提。

(三)谈判语言的表达要求

1. 文明礼貌。

2. 清晰易懂。

3. 流畅大方。

(四)谈判语言的辅助手段

姿态与风度是谈判语言的辅助手段。

二、有效倾听

(一)倾听的意义

倾听不是简单地听见讲话者的话就行,也不是单一地听对方的话而无任何信息反馈。谈判活动中的倾听是广义的,是指听话者以积极的态度,认真、专注地听取讲话者的陈述,观察其表达方式及举止,及时恰当地进行反馈。

图 11-2　有效倾听示意图

(二)倾听的方法

1. 专注。

2. 注意对方说话的方式。

3. 观察对方表情的变化。

4. 证实,对于关键性问题,即使听懂了也要进一步证实。

5. 不以一个人的外表或说话技巧来判断其能否讲出值得听的话语。

6. 在未弄清对方全部的、真实的意图之前,不可贸然向讲话者提刁难性的问题或进行反驳。

7. 通过某些恰当的方式(如鼓励、点头、赞赏等)促使讲话者阐明其真实意图。

8. 学会忍耐。

9. 对于不能马上回答的问题,应努力弄清其意图,可表示"理解"或"记住了",切忌匆忙表态,而应寻求其他的策略来解决。

10. 利用录音或笔记,不要过分相信自己的理解力和记忆力。

三、提问的技巧

提问的示意图可见图 11-2。

图 11－3　提问示意图

在谈判中，提问的技巧有：

1. 了解提问的方式。

2. 把握提问的时机。

3. 考虑提问的对象。

4. 分清提问的场合。

5. 注意提问的方法。

四、回答的技巧

谈判中的回答示意图可见图 11－4。

图 11-4　回答示意图

（一）回答的主要技巧

1. 如果你想让对方明确地知道自己的回答，回答的技巧是简洁。

2. 如果你暂不清楚对方意图而又必须回答时，回答的技巧是：回答时加上许多假设条件，且让这些条件尽量地不易实现。

3. 如果在谈判中你的回答出现漏洞，不要惊慌，补救的技巧是：责备第三方的错误，或归咎于双方政策，或声称"也许还有一些我不知道的原因"。

4. 如果对方抓住你回答的弱点，并以此要你做出答复时，回答的技巧是：对这个弱点进行一次判断，如果它无伤大局，则可来一个自我欣赏，避免强辩。如果你回答之后，发现事关重大，且本方承诺的义务太多，与相应的权利不相匹配，不要表现出后悔，迅速将本方的承诺与要求对方的条件联系起来，并让该条件尽量苛刻，而使对方难以接受。

（二）回答的辅助技巧

1. 沉默。当需要对方做出选择时，不要着急，可以运用积极的表情、期待的目光、沉默的态度迫使对方做出反应。

2. 如果出现表达的原则性错误,可以采用两种办法来挽回影响:一是中途换将,让继任者寻找理由否认前任的表态;二是由上级出面否定该错误表态,不论是在对方所在地还是在本方所在地谈判,上级均可以在当时或事后出面否定谈判者的意见,如可以说“这只能代表他个人的意见”“我们在这方面未授权他表态”“××先生另有重要任务准备离开,由上级主管来谈判”。

五、叙述的技巧

叙述与回答的差别在于:叙述并不一定要针对提问而言。即使对方不提问,谈判者也可以根据需要介绍一些情况。谈判者在叙述时应注意对方注意力的变化,尽量充分利用对方注意力集中这段宝贵的时间,把重要的问题阐述清楚。

六、幽默的应用

在谈判活动中,幽默有助于创造和谐的谈判气氛,可以使批评变得委婉友善,有利于避免尴尬,可以增加辩论的力量、避开对方的锋芒,并为谈判者树立良好的形象。因此,在谈判桌上,应尽量应用幽默这种特殊的技巧,但要注意轻重和场合。

七、谈判僵局的处理

(一)形成僵局的原因

1. 一言堂。

2. 过分沉默与反应迟钝。

3. 观点争执。

4. 偏激的感情色彩。

5. 人员素质低下。

6. 信息沟通障碍。

7. 软磨硬泡式拖延。
8. 外部环境变化。

(二)僵局处理的原则及方法

1. 原则

坚持倾听,态度冷静、诚恳,语言适度,决不为观点分歧而发生争吵。

2. 方法

建立互惠式谈判。

(三)严重僵局的处理

1. 回避矛盾,先易后难。
2. 更换人员,调整策略。
3. 暂时休会,冷静思考。
4. 找中间人调解。
5. 停止谈判,为下一轮谈判创造良好气氛。

第五节　跨文化公共关系谈判

一、跨文化公共关系谈判的特殊性和原则

跨文化公共关系谈判涉及不同国家、地区文化的方方面面,由于各国的风俗习惯、思维模式、价值观等存在差异,故在进行跨文化公共关系谈判时,首先应了解对方的文化背景,以免出现误会和尴尬。

互相尊重、彼此坦诚是进行跨文化公共关系谈判的重要原则。

二、世界各国的谈判风格

(一)英国

英国人很注重理解和仪式,在谈判开始前的相互问候和客气谦让有

时可能持续两个小时。英国人在谈判中的风格表现为平和、平衡、自信、谨慎,但缺乏灵活性。

(二)德国

德国人的谈判风格是冷静、勤奋、自信、傲慢、缺乏灵活性和追求完美。

(三)法国

法国人在谈判前会认真做好准备,但经常以较为轻松、随便却富有逻辑性的话题开始对话。法国人认为享受生活与他们的工作同等重要,所以应当注意避免在假期来临时要求与法国人进行谈判。

(四)美国

在谈判中,美国人表现得外向、直截了当而且坚定自信。他们坚决实施自己的谈判目标,非常注重效率,一般不太重视谈判前人际关系的建立。美国人强烈的个性化特点通过他们的决策过程得到充分体现——一个人有权做出决定,但同时他们也强调个人应负的责任。

复习思考题

一、问答题

1. 在进行公共关系谈判时,应注意哪些技巧?
2. 如何进行跨文化公共关系谈判?

第十二章　公共关系写作

一、教学目的

了解：公关文书是组织为了树立本组织的良好形象，采取一定的策略、手段在进行活动的过程中记录信息、表达意图、互相联络的文字材料。公关文书可分为公文类、广告类、新闻类、函柬类。

掌握主要知识点：公关文书的特点与写作原则；常见公关文书的写作。

二、教学重点与难点

1. 公关文书的分类。
2. 公关文书的特点与写作原则。
3. 新闻稿、广告、宣传资料、公共关系简报、公共关系策划书的写作。

第一节　公关文书概述

一、文书的基本概念和功能

文书是一种记录信息、表达意图的文字资料。公务文书，指的是公务活动中形成和使用的文书。如机关、团体、企业、事业单位在工作活动中使用的命令、规章、条例、决定、决议、通知、通报、请示、报告、公函、电报等。公务文书是国家处理政务的一种工具，也是各类机关和组织上下左右相互联系工作、处理问题的一种办事工具。

文书写作示意图见图 12－1。

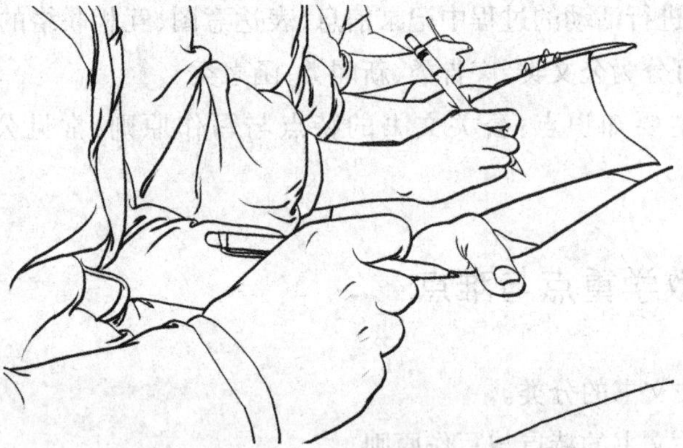

图 12－1　文书写作示意图

二、公关文书的含义

与公共关系活动有联系的文书，叫公关文书。从公共关系学和文书学的概念来说，公关文书是组织为了树立本组织的良好形象，采取一定的策略、手段，在进行活动的过程中记录信息、表达意图、互相联络的文字材料。

为了使用方便，我们可以把公关文书分为以下几类：

1. 公文类:如请示、报告、简报等。

2. 广告类:如公关广告、演讲词、通告等。

3. 新闻类:如消息、通讯、报告文学等。

4. 函柬类:如请帖、公函等。

三、公关文书的特点

(一)实用性

指公关文书具有很强的实用性。

(二)广泛性

指公关文书种类繁多,适用范围十分广泛。

(三)权威性

指制发机关的权威和合法地位。

(四)艺术性

指公关文书讲究内容美、语言美、形式美,庄重而不矜持,亲切而不妩媚。

四、公关文书的写作原则

1. 准确、实际。

2. 生动、及时。

3. 简练、明了。

4. 大方、得体。

第二节　常见公关文书写作

一、新闻稿的撰写

(一)新闻稿的要求

新闻稿是一种特定的写作文体,它一般包括消息和通讯两个体裁。它具有的要求是:

1. 让事实本身说话,始终保持客观叙述的态度。而任何事实只要是真的,就必然含有六个"W",即 who(何人)、what(何事)、when(何时)、where(何地)、why(何因)、how(何果)。

2. 提炼和确定新闻稿的主题,尽可能使新闻稿主题典型而新鲜。

3. 准确、简明地使用新闻语言。

(二)新闻稿的消息结构

一条消息一般由导语、主体、背景材料、结尾构成,将其任意组合便形成了不同的结构。

二、广告文辞的设计

广告文辞属于说明文体。广告是一种向公众介绍商品、报道服务内容或宣传本组织的服务宗旨等的宣传形式,一般通过报刊、电台、电视台、招贴、电影、橱窗商品陈列等形式来进行。

广告可以用文字的形式表达,也可通过实物展示;有抽象的,也有具体的;有无声的,也有有声的;有单项的,也有组合的。

广告文辞的结构,包括标题、正文、结尾三个部分(有人称之为"三要素")。由于现代广告图文并茂,注意美观,所以这三个部分的排列和详略十分灵活。

(一)标题

标题是广告文辞的精髓,被称作广告的灵魂。广告标题是标明广告主旨和区分不同内容的标志,反映着广告的精神和主题,应力求简明、新颖、生动、醒目,有趣味性、吸引力。

广告的标题从揭示主旨或基本内容的方式来划分,可分为直接标题、间接标题和复合标题。

1. 直接标题

直接将商品的名称、特点、用途、产地等重要情况告诉人们。例如:"北京仿古地毯""合肥烘糕,天下名点"等。直接标题有时过于平淡,缺乏吸引力,应设法写得生动些,以增强感染力。例如,据说清朝乾隆皇帝运用回文的修辞格,为京城的一家叫"天然居"的小茶馆写了一幅广告联:"客上天然居,居然天上客",这就既直接又生动了。

2. 间接标题

用委婉迂回的手法暗示广告的主旨或基本内容,富于情趣,耐人寻味,从而吸引人们细看正文。

3. 复合标题

把直接标题与间接标题结合起来,使标题既清楚明白,又新颖风趣。

(二)正文

正文是广告的中心和主体。

正文是对广告标题的解释以及对所宣传事物内容的详述。正文有如下形式:

1. 陈述体

陈述体也称简介体。它用平直的语言,明确地说出商品名称、用途、规格等情况,形式实在、直白。

2. 证书体

证书体是一种间接接受赞誉的形式。它的特点是不用本组织的话来说,而是借助权威人士或机关的评价来宣传本组织产品。

3. 问答体

问答体用设问或对话的形式真实地介绍商品的用途等情况。由于运用设问,容易激发人们的好奇心和求知欲,增强吸引力。

4. **艺术体**

以歌谣、快板、相声、戏剧、小品等形式来宣传产品,易吸引观众。

(三)广告文辞的设计要求

1. 能吸引公众。

2. 使公众对商品本身感兴趣。

3. 能概括说明商品信息。

4. 使公众明白使用该商品可获得的益处。

5. 编写广告文辞应注意:

(1)简练得体。

(2)写出特色。

(3)生动活泼。

(4)抓住心理。

(四)广告语

广告语又称广告口号、广告标语,是为了加强公众对组织、商品或服务的印象,在广告中长期反复使用的一种简明扼要的口号文字,它基于长远的销售利益,向消费者传达一种长期不变的观念。广告语的特点是简洁、整齐、上口、易记。

(五)随文

随文是正文的附属,又称附文,对广告正文起补充、说明作用。它包括广告单位名称、地址、邮编、电话号码、银行账号、负责人或业务联系人姓名等。

【案例】**北大方正彩色电子出版系统广告**[①]

北大方正彩色电子出版系统是基于 Post Script Level 2 的、标准化的、开放式的专业彩色排版、拼版系统。除继承原黑白排版系统的全部优点外,在排版功能、拼版功能、制作特技效果、色彩真实性、挂网质量和输出

① 此案例为20世纪90年代的广告。

速度上更进一步,是目前国内外最先进的系统。

该系统有以下特点:

一、百分之百支持 Post Script Level 1,可接收国外各种优秀的作图和广告软件,使出版物达到前所未有的水平。

二、全部系统运行于 MS - Windows 环境下,网络统一,界面美观友好。

三、加网过程在 RIP 中实现,备有包括调频网在内的多种网点形状和网目。质量可与电分机媲美。

四、速度奇快,可在 10 分钟内输出一套四色胶片。

五、中文排版能力举世无双,完全符合中文印刷出版规范。

六、支持从激光打印机、照排机直至电分机等全系列输出并能支持与印刷品质量相同的电子打样设备。

七、广告创意系统既可独立使用,又能与国外软件相通。

八、完全兼容原方正系统的各种软件,并可接受 Macintosh 等其他系统的排版结果。

三、宣传资料的制作

任何一个希望开展公共关系活动的社会组织都应该有一套介绍自己、宣传自己的宣传资料,宣传资料实际上是一份该组织的"名片"。

宣传资料的形式是多样的,有的是一份小册子,有的是一张简单的示意图,一般都印刷精美。宣传资料的制作重点是如何安排组织的相关内容。

(一)宣传资料的内容

为国际社会所认可的宣传资料大多包括以下几个内容:

1. 组织领导人的致辞。
2. 组织的历史和现状概略介绍。
3. 对本组织专业特色的说明。

(二)宣传资料的作用和篇幅

宣传资料的一大功能是向公众提供本组织的信息,使他们一册在手,尽悉组织全貌。宣传资料中文字占据了较多篇幅，若配以适当的图片，达到图文并茂，那就可以使宣传资料的接受性更强。

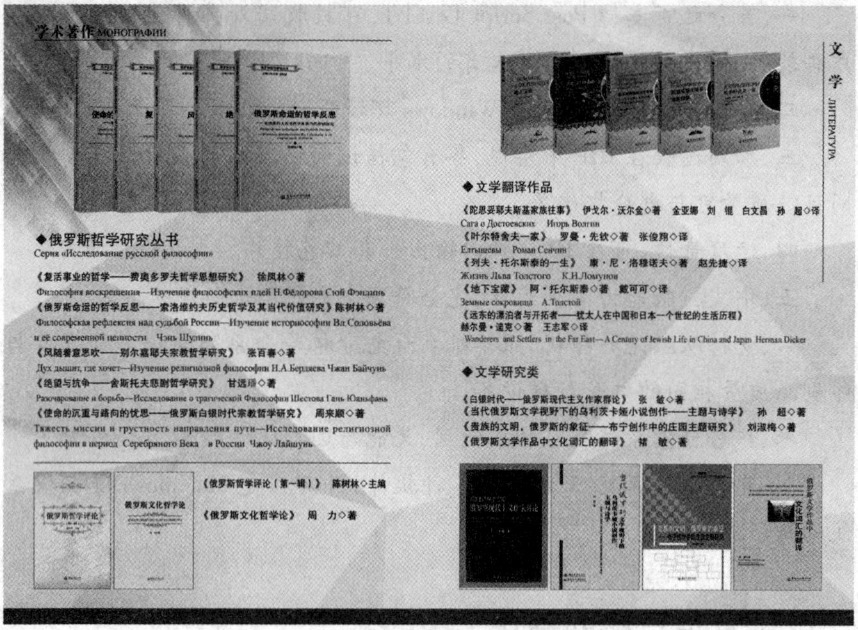

图 12－2 宣传资料插图

四、内部报刊的编辑

报刊是报纸和刊物的合称，是指“面向公众发行的定期出版物”。在公共关系学中，组织自身创办并面向本组织内部员工发行的定期出版物称为内部报刊。

（一）内部报刊的编辑原则

要使内部报刊的编辑和发行在公共关系工作中起到有效作用，要做到以下几点：

1. 明确编辑方针。

2. 在内部报刊上有针对性地反馈员工的各种思想、情感以及他们的要求。

3. 要尽可能地动员全体员工来关心和支持自己的报刊。

4. 办好一份内部报刊还要处理好一系列技术问题。

（二）公共关系简报的编辑

社会组织内部刊物有许多种，公共关系简报是其中最常见的一种。一般来说，公共关系简报是一种定期出版的综合性文书，它经过良好的设计，用简明的词句及时地把社会动态、信息和本企业的经营成果、经验、作风等反映出来。公共关系简报特点如下：

1. 简明扼要，抓住事物的实质，抓住代表性的典型材料。

2. 迅速，像新闻一样快编、快写、快印、快发。

3. 真实，材料确凿，反复核实，表述讲究语法逻辑。

4. 新颖，立意要新，情况要新，抓新人、新事、新闻。公共关系简报的这四个特点互有联系，缺一不可。

（三）公共关系简报的内容

1. 有关组织形象的材料，调查了解到的内部公众和外部公众的意见、评价和要求。

2. 组织内部工作生产情况和思想状况等方面的动态、经验、趋势。

3. 公共关系部门开展的一些公共关系活动。

4. 公共关系部门对各项工作的咨询意见和建议。

5. 公共关系有关会议。

（四）公共关系简报的写作要求

1. 简报的写作要用第三人称。

2. 简报的写作要求重点突出，有明确主题思想，做到主题单一、内容集中。

3. 简报的写作必须及时、准确、客观，内容真实，据事直说，不夹杂评述性意见，但编者按除外。

4. 简报的写作必须简短、通俗，有可读性、指导性。

5. 简报的写作格式要规范。

（五）公共关系简报的写作格式

1. 报头

报头占简报首页的四分之一到三分之一。居中写简报的名称，要用较大的字体。名称下方写简报编号“第×期”。简报编号下面的左侧写编发单位，右侧写简报的印发日期。报头与正文部分用一条横线隔开。

2. 正文

正文是简报的内容所在。正文分导语、主体、结尾三部分。正文的标题与新闻的标题相似，力求简明、准确、扼要地概括出正文的内容。主体是简报内容的主干和中心部分。主体的内容要抓住关键问题，把本单位在贯彻执行上级指示、开展工作中出现的情况集中地反映出来，与之无关的琐碎小事不上简报。正文的结尾，要用括号注明写稿单位和写稿人名字。

3. 报尾

报尾在简报最后一页的下方，标明两条平行横线，在横线内注明本简报的发送范围和印发份数。

五、公共关系策划书

公共关系策划书是以书面文字的形式，把策划者头脑里的构思和创意条理化、系统化，形成具体可供实施的方法和步骤。

（一）公共关系策划书的内容

策划书的写法并无定式，一般根据实际的需要和策划者的文笔风格而不同。但是无论方案形式、内容有多大差别，一份完整的策划书应当具备5W（what、who、where、when、why）、2H（how、how much）、1E（effect）。

（二）公共关系策划书的格式

一份完整的公共关系策划书的基本格式，大致包括下列五项：

1. 封面（题目、策划者单位或个人名称、日期、编号）。

2. 序文。

3. 目录。

4. 正文(活动背景分析、活动主题、活动宗旨与目标、基本活动程序、传播与沟通方案、经费概算、效果预测)。

5. 附件(活动筹备工作日程推进表、有关人员职责分配表、经费开支明细预算表、活动所需物品一览表等)。

六、其他公共关系常用文书

在公共关系实务中,在礼仪应酬和宣传方面文书运用得较为广泛。柬帖、海报(示例可见图 12－3)、函牍、标语口号是常用的“工具”。

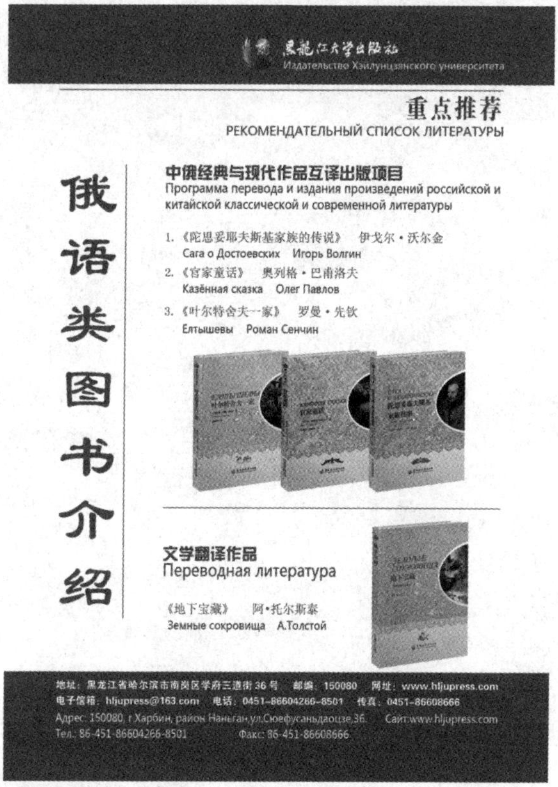

图 12－3 企业海报

复习思考题

1. 在自己所属的组织采访或到附近工厂、企业去采访，练习写一篇有导语、主体、背景和结尾的新闻。

2. 请从自己的家乡，选择一项自己最熟悉、最具有地方特色的土特产品，撰写一则广告文案。

3. 以你们班上或者组织机构中的一次会议为题材写一份会议简报。

4. 某大学为庆祝建校 100 周年，学校团委定于 × 月 × 日晚，在学校大礼堂举行歌舞晚会，请为该晚会设计一份海报。

第十三章　公共关系礼仪

一、教学目的

了解:公共关系礼仪是社会组织的公共关系人员或其他人员在公共关系活动中,为了树立和维护组织的美好形象,在开展公共关系活动时所必须遵循的尊重公众,讲究礼貌、礼节,注重仪表、仪态、仪式等程序或规范。公共关系礼仪包括日常社交礼仪、个人仪表风度。

掌握主要知识点:日常社交礼仪;个人仪表风度。

二、教学重点与难点

1. 日常社交礼仪:打招呼礼仪、握手礼仪、介绍礼仪、交谈礼仪、行为举止礼仪、电话礼仪、名片礼仪、礼品礼仪。

2. 个人仪表风度:仪容、服饰。

第一节　公共关系礼仪概述

一、礼仪与公共关系礼仪

所谓礼仪就是人们在社会交往中为了互相尊重，在言谈举止等各方面约定俗成的、共同认可的规范、程序。

所谓公共关系礼仪，就是社会组织的公共关系人员或其他人员，为了树立和维护组织的美好形象，在开展公共关系活动时所必须遵循的尊重公众，讲究礼貌、礼节，注重仪表、仪态、仪式等程序或规范。

二、公共关系礼仪的作用

1. 有助于公共关系人员树立良好形象，协调人际关系。

2. 有助于推动社会文明的发展。

3. 有助于公共关系人员培养和提高个人素质与修养。

第二节　日常社交礼仪

一、打招呼礼仪

用语要亲切、具体，顺序一般是男性先向女性致意、年轻人先向长辈致意、下级先向上级致意、学生先向老师致意，距离要适中，不要招呼过头，给人粗鲁之感。打招呼礼仪示意图见图 13－1。

图 13-1　打招呼礼仪示意图

二、握手礼仪

握手是人们在社会交往中最常用的一种见面和告别礼。握手是一种无声的动作语言，握手的力量、姿势与时间的长短往往能够表达出握手人对对方的不同态度。

握手礼仪示意图见图 13-2。

图 13-2　握手礼仪示意图

(一)准确的握手姿势

距离对方一步左右的距离,目光注视交际对象,上身微微前倾,右手与对方相握,时间一般为 3 ~5 秒。

(二)握手的顺序

1. 地位高者向地位低者先伸手。
2. 年长者向年轻者先伸手。
3. 女士向男士先伸手。
4. 主人向客人先伸手。

(三)一个人与多人握手应遵循的次序

应遵守先高后低、先长后幼、先主后宾、先女后男的原则,也可按顺序一一握手。只要交际对象先伸出手来,不论程序对否你都要立即回应。

(四)握手的注意事项

不可交叉握手,不可戴手套握手,不可一边与对方握手一边与另外的人交谈,不要坐着握手,不用左手握手。

男士与女士初次见面的礼节性握手时间不宜过长;老友相见,握手时间可适当加长。握手要有力,显示诚恳接触的愿望,但不能把对方握痛;不要在整个介绍过程中一直握着对方的手。

(五)握手方式

1. 平等式

握手时伸出右手,四指并拢与大拇指分开,两人的手掌垂直相握并轻轻摇动,一般以 3 ~5 秒为宜,双目注视对方,面带笑容。

2. 控制式

握手时掌心向下,显得傲慢,以示自己高人一等,或暗示想取得主动地位。

3. 乞讨式

握手时掌心向上,此握手方式表示谦卑与过分的恭敬,往往是处于受支配地位的表现。

4. 手套式

双手紧紧握住对方的右手，并且上下摇动，时间稍长，往往表示热情、欢迎、感谢、感激，或有求于人、肯定契约的意义。下级对上级或晚辈对长辈用这种方式，更表示谦恭备至。但初次见面一般不用此方式。

5. 死鱼式

握手时漫不经心，过于软弱无力，时间很短，不仅给人一种十分冷淡的感觉，同时也给人留下一种毫无生命力、任人摆布的印象。

6. 虎钳式

握手时用力过猛、时间过长、幅度过大，给人以粗鲁的感觉。

7. 抓指尖式

握手时，轻轻触动一下对方的指尖，往往给人一种冷冰冰的感觉。有些女士自视清高，常采用这种方式，其中隐含着保持一定距离的意思。

三、介绍礼仪

(一)他人介绍

他人介绍是第三者为彼此不相识的双方引见、介绍的一种方式。他人介绍通常是双向的，即将被介绍者双方各自均做一番介绍。

他人介绍应注意的几个方面：必须遵守“尊者优先”的原则，征求被介绍双方的意见，起立示意，依照礼仪握手。

他人介绍的示意图可见图 13－3。

图 13-3　他人介绍礼仪示意图

(二)自我介绍

自我介绍的具体形式有:1. 应酬式;2. 工作式;3. 交流式;4. 礼仪式;5. 问答式。

自我介绍应注意的几个方面:

1. 不要在他人交谈热烈时突然插入自我介绍,要选择适当时机,先称呼对方,吸引到对方注意力后再介绍自己。

2. 先简要介绍自己的姓名、单位、身份等。

3. 自我介绍时,一定要考虑场合是否合适。

4. 灵活掌握社交场合的沟通原则。

自我介绍示意图可见图 13-5。

图 13－4　自我介绍礼仪示意图

四、交谈礼仪

交谈是语言、非语言和聆听艺术构成的沟通方式。

（一）语言交谈礼仪

指人们在交谈中应该注意的礼节、仪态。一般来说，它集中体现在礼貌语言的使用和谈话时的表情及声音上。与任何人进行面对面的交谈，都是一种对等关系。以礼待人，既能显示出你的人格尊严，又可以满足对方的自尊需要。

交谈礼仪示意图见图 13－5。

图 13－5　交谈礼仪示意图

1. 语言交谈礼仪的注意事项

声音与姿态要得体；学会听的艺术；选择一个好的话题；要注意使用礼貌用语；谈吐有度，注意细节（少说多听、细语柔声、专心致志、善于互动、热情友善）。

2. 交谈形式五忌

忌高声喧哗，忌打断对方，忌补充对方，忌纠正对方，忌质疑对方。

3. 谈话内容六不谈

不得非议党和政府，不可涉及国家秘密与行业秘密，不得非议交往对象，不得背后议论领导、同事与同行，不得涉及格调不高之事，不得涉及个人隐私之事。

（二）非语言交谈礼仪

1. 面部表情

可以表现出高贵与尊严、自卑与好强、精明与机敏、傲慢与粗俗等表情。

2. 眼神传意

“眼睛是心灵的窗户”，“一旦学会了眼睛的语言，表情的变化将是无穷的”。目光可以表示坦诚，可以表示敌意，可以表示鄙夷，可以表示命令，可以表示尊敬，可以表示专注，可以表示反感，可以表示吃惊，等等。

3. 手势动作

一类是单方表达思想内容的手势动作，另一类是双方表达感情心理的手势动作。

4. 衣着、仪表

在社交场合，一个人的衣着、仪表反映出一个人的个性、习惯、爱好，并向人们传播一定的信息。

5. 姿势、姿态

不同的姿势、姿态可以表现不同的内心情绪。从群体的角度来分析，不同的群体姿势、姿态可以表现不同的群体意识。

6. 声音暗示

人们在交往、交谈中，一定要注意讲话速度、音量、音质及词汇的使用。

（三）正式社交场合交谈的要求

1. 在公共社交场合，应选择大家都可以介入，又都方便发表意见的话题。

2. 不要涉及令人不愉快的内容，如疾病、死亡、荒诞等。

3. 话题不要涉及他人的隐私。

4. 遇到不便谈论的话题不要轻易表态，应该转移话题以缓和气氛。

5. 男士一般不参与女士圈内的话题议论，与女士谈话要宽容、尊重，不随便开玩笑。

五、行为举止礼仪

（一）站姿的礼仪

1. 体态

直立，挺胸，收腹，略为收臀，平肩，直颈，下颌微向后收。

2. 表情

两眼平视，精神饱满，面带微笑。

3. 上身

两臂自然下垂，手指自然弯曲；两手可在体前交叉，右手放在左手上，肘部略外张；男性必要时可单手或双手背于背后。

4. 腿部

两腿直，膝盖放松，大腿收紧上提，身体重心落于前脚掌。

男性：双脚可微微张开，不超过肩宽，可见图 13－6。

图 13－6　男性标准站姿示意图

女性：脚成 V 型，膝和脚跟应靠紧，身体重心尽量提高，可见图 13－7。

图 13－7　女性标准站姿示意图

（二）行姿的礼仪

1. 上体正直，抬头，下巴与地面平行，两眼平视前方，精神饱满，脸带微笑。

2. 跨步均匀，两脚相距一只至一只半脚，步伐稳健，有节奏感。

3. 腰要适当收紧，身体重心稍向前。

4. 迈步时脚尖可微微分开，但脚尖、脚跟应与前进方向近乎一线。

5. 两手前后自然摆动，手臂与身体的夹角为 10～15°。

6. 上下楼梯时上体直立，脚步轻缓平稳，一般不手扶栏杆。

行姿可见图 13－8 及图 13－9。

图 13－8　男性标准行姿示意图

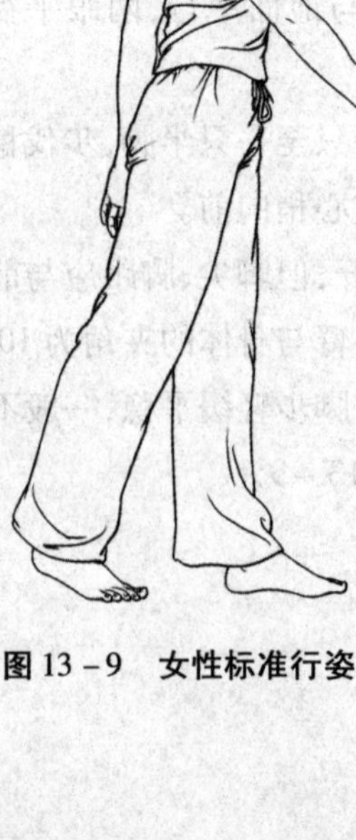

图 13－9　女性标准行姿示意图

(三)坐姿的礼仪

走到座位前,转身后,要轻稳地坐下。女士入座时,若是裙装,应用手将裙子稍稍拢一下。不要坐下后再站起来整理衣服。

坐在椅子上,上身保持站姿的基本姿势,双膝并拢,两脚平行,鞋尖方向一致。

根据所坐椅子的高低调整坐姿,双脚可正放或侧放,并拢或交叠。但必须切记,女士的双膝应并拢,任何时候都不能分开。

双手可自然弯曲放在膝盖或大腿上。如果坐在有扶手的沙发上,男士可将双手分别搭在扶手上,而女士最好只搭一边扶手,以显高雅。

坐在椅子上时,一般是男士坐满椅子的2/3,女士坐满椅子的1/2。一般情况下,不要靠在椅背上,休息时可轻轻靠在椅背上。

起立时,双脚往回收半步,用小腿的力量将身体支起,不要用双手撑着腿站起,要保持上身的直立状态。

坐姿示意见图13-10及图13-11。

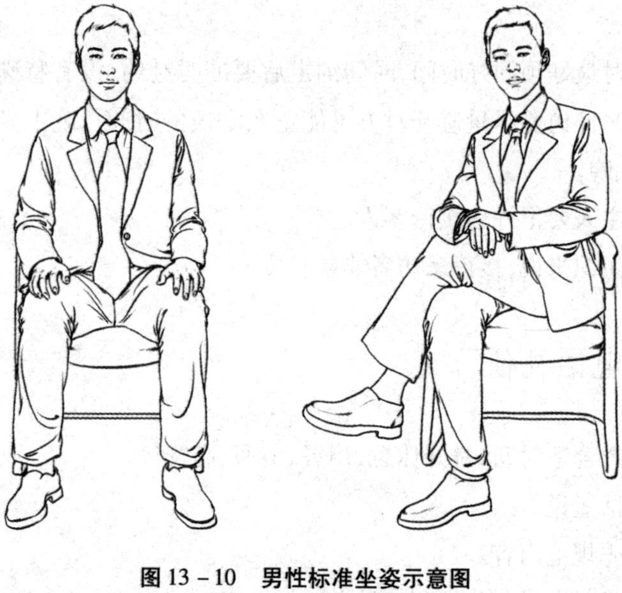

图13-10　男性标准坐姿示意图

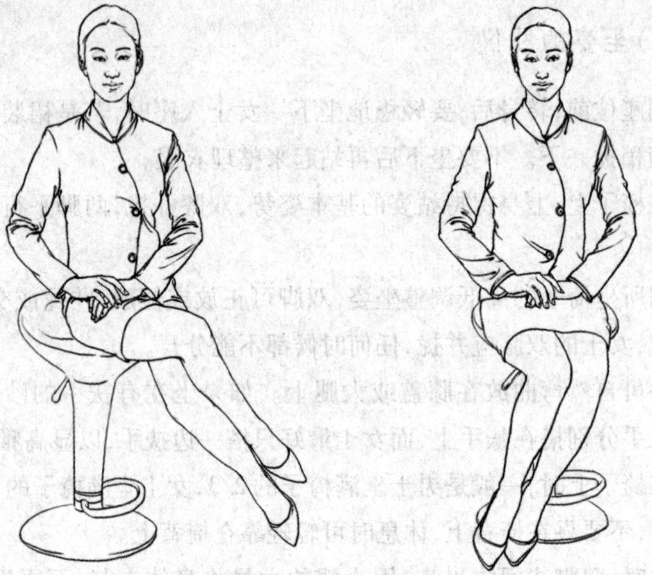

图 13－11　女性标准坐姿示意图

六、做客与待客礼仪

做客时最好预约好时间，时间约定后要准时赴约，没有特殊情况不要失约。临时拜访要尽量避开对方可能正在吃饭的时间。晚上到人家做客时，不宜太晚。

作为主人要很好地接待客人。

对于组织来说，接待来访者非常重要。

七、电话礼仪

1. 选择合适时间，避开休息、用餐、节假、高峰等。

2. 长话短说。

3. 预先规范内容。

4. 问候时自报单位、职务、姓名。

5. 确认对方名字。

6. 感谢代接、代转人。

7. 礼貌地结束电话。

8. 使用手机时，不要随便把手机挂在脖子上、腰上、手脖上；在要求保持安静的公共场所如音乐厅、艺术馆、影剧院不要使用手机，应关机或静音；在开会、聚会时小心使用手机，避免留下不专心的印象；驾车时，在加油站、面粉厂、油库等处，在病房（干扰医疗仪器运行、影响病人休息），在飞机飞行期间不要使用手机。

八、名片礼仪

名片是人际交往中自我介绍和通信联络时用的专门印制的卡片。使用名片和接受名片时应注意以下几个方面：

（一）名片的作用

名片的使用已成为公共关系交往的一种重要手段。名片，是一个人身份、地位的象征，是一个人尊严、价值的一种外显方式，也是使用者要求社会认同、获得社会理解与尊重的一种方式。

标准名片包含的三个基本内容：第一，单位、标志及具体部门，印在名片上方或右方。第二，本人姓名、职务或职称，印在中间。第三，本人的联系方式，包括单位所在的地址、电话号码和邮政编码等，印在名片的下方或左方。

公共关系人员使用的名片，也是所在组织形象的缩影。

名片的质地也很重要。

名片具有重要价值，公共关系人员在递送、接收、保管它的时候要重视相应礼仪。

（二）使用名片的礼仪

在社交场合，与人初次会面，在自我介绍时可以递上名片。

如果是初次见面，最好将对方名片上的主要内容轻读一遍，如果遇到不认识的字可以请教对方，这样，会使对方认为你很看重这张名片。

出示名片时，态度要恭敬，目光注视对方，双手递出并使名片字体正面朝向对方，可见图 13－12。递送名片时，如果是坐着的，应当起立或欠身递送，同时可说一些客气话。

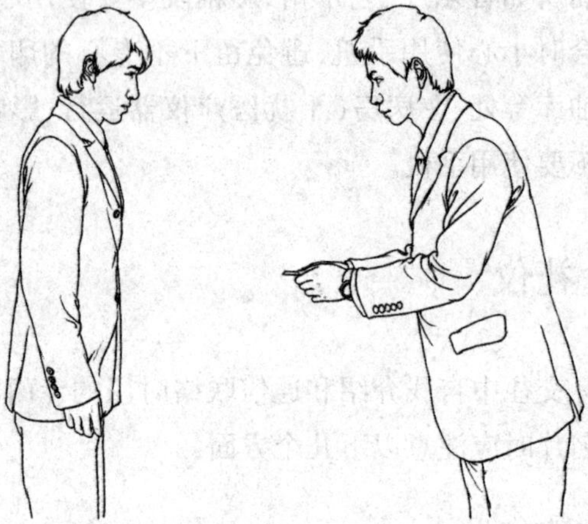

图 13 – 12　使用名片礼仪示意图

出示名片要把握机会，一是交谈开始前，二是交谈融洽时，三是握手告别时。

当对方索要名片而自己没带名片时，要加以解释和致歉，并把自己的资料写到一张纸上。

（三）存放名片有讲究

随身携带的名片应使用精致的名片夹，放在左胸内侧的口袋或手提包里。

名片的设计应该有个性而不张扬，大小要标准化易于存放，个人信息和公司信息要准确，颜色和内容要方便对方记忆。

名片要随身携带并保持完好，交换名片要慎重。

接到名片后不要随意放置，应当郑重其事地收好。

名片除了在互相认识时使用外，有时还用在祝贺、拜访、道谢、吊唁等特殊场合。

社交名片现在往往会被附在馈赠礼物、纪念品中。

（四）交换名片时该说什么

向别人索要名片时可以直接问“您有名片吗?”或“您能给我一张名

片吗?”

当你想出示名片时,可说:“这是我的名片,如果有别的问题,尽管打电话给我。”或者你可以说:“寄信请用上面的地址,希望能尽快听到您的消息。”

如果你想给一位长期客户赠送名片,可以说“您有我的名片吗?”或“我一直想给您一张名片”。

当你的职位或通信方式有变化时,你可以说:“这是我的新名片。”

当某人向你索要名片时,直接拒绝是不大礼貌的,但是你可以说“对不起,我的名片都用光了”或“我忘带了”。

九、礼品礼仪

在公共关系活动中,常常需要相互赠送礼品。送礼要注意时机(如喜庆、节日、临别送行、探视病人、纪念活动等)的选择、礼品的价值、对方的喜好等。

第三节　个人仪表风度

一、仪容

仪容,就是人的外貌,即容貌。它是一种无声的语言,是影响“第一印象”的最主要因素,直接影响人际交往的效果。一般说来,仪容包括面部、头部和肢体等部分。

例如标准证件照中的仪容可见图 13－13 和图 13－14。

图 13－13　男性标准证件照示意图

图 13－14　女性标准证件照示意图

(一)面部

面部的基本要求是:端庄、自然、清洁和适当修饰。

女士化妆需注意几点:

1. 化妆的浓淡选择。

2. 眉眼修饰。

3. 口腔清洁。

（二）头发

发式整洁，发型大方。

（三）肢体

合理地修饰手臂和腿脚，以保持良好的整体形象。

二、服饰

（一）服饰穿戴的基本原则与要求

1. 体现自身个性特点。

2. 遵循 TPO 原则：

服饰选择与穿戴要考虑时间（time）、地点（place）和目的（object）三方面。

（二）着装礼仪

1. 男士着装礼仪

男士的服装一般有两种不同的类型：

（1）两件套西服。西服是一种国际性服装。一套合体的西服，可以使着装者显得潇洒、精神、风度翩翩。一要讲究规格，二是穿好衬衫，三要系好领带，四是用好衣袋，五是系好纽扣，六是穿好皮鞋。

（2）休闲夹克配长裤。休闲夹克和长裤的颜色应形成一定的对比，以保持它们较随便的风格。

男士标准着装示意可见图 13－15。

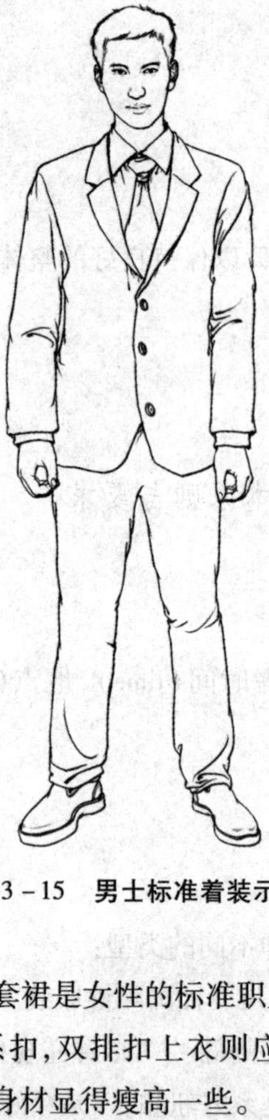

图 13－15　男士标准着装示意图

2. 女士着装礼仪

(1)西服套裙。西服套裙是女性的标准职业着装,可塑造出强有力的形象。单排扣上衣可不系扣,双排扣上衣则应一直系扣(包括内侧的纽扣)。穿单色的套裙能使身材显得瘦高一些。

(2)夹克与裙子。轻便的夹克可以与裙子搭配,用于不太正式的场合。夹克的颜色建议选择与裙子相同的颜色。

(3)连衣裙和两件套裙。连衣裙和两件套裙可以单独穿或者与上衣搭配在一起穿。尽管它们在某些场合很合适,但看上去不如西服套裙有力度。纽扣一排到底的大衣式裙子,比衬衫配裙子那种只到腰部的纽扣样式看起来更有力度,显得更职业化。

(4)服饰附件。包括首饰、腰带、围巾、袜子、鞋、眼镜等。

女士标准着装示意可见图 13－16。

图 13－16　女士标准着装示意图

复习思考题

1. 什么是服饰礼仪的 TPO 原则？
2. 日常社交礼仪规范包括哪些基本礼节？
3. 结合实际，谈谈你对“人靠衣装”的理解。

第十四章　危机公关

一、教学目的

了解:危机公关是指发生危机事件时的公共关系活动,即用公共关系手段减少危机给组织与公众带来的影响,进而寻求公众对组织的谅解,以重新树立和维持组织形象。危机公关要遵循及时主动的原则,社会组织应勇于承担责任,保护消费者的利益。

掌握主要知识点:公共关系危机的特征;危机公关的主要类型;危机的成因;危机公关处理原则;危机公关三阶段。

二、教学重点与难点

1. 公共关系危机的含义与特征。
2. 危机公关的主要类型。
3. 危机的成因。
4. 危机公关处理原则。
5. 危机公关的阶段:准备阶段、处理阶段、重塑组织形象阶段。

第一节 危机公关概述

一、危机公关的定义

公共关系危机指的是突然发生的、严重危害组织正常运作的、对组织的公众形象造成重大损害的、具有比较大的公众影响的偶然事件。如严重的毒气泄露、环境污染、火灾爆炸等安全事故,食物、药物中毒事故,等等。所谓危机公关指的就是发生危机事件时的公共关系活动,即用公共关系手段减少危机给组织与公众带来的影响,进而寻求公众对组织的谅解,以重新树立和维持组织形象。

二、公共关系危机的特征

(一)公共关系危机具有不可测性和偶然性

危机属于一种不可预测和偶然的事件,所以公共关系危机具有不可测性和偶然性,并且来势快猛、发展迅速,组织要处理好此类事件,必须具有很高的灵活性和随机应变能力。

(二)公共关系危机具有突发性与渐进性

冰冻三尺,非一日之寒。因此,公共关系危机的爆发是一个从量变到质变的过程。组织公共关系危机爆发,并迅速蔓延,会产生连锁反应,使公众与组织关系突然恶化。

(三)公共关系危机具有强烈的破坏性

例如,1999 年 6 月 9 日,某国有一百多人在饮用某饮料之后中毒,其中有几十人是学生。中毒者表现出呕吐、头昏眼花、头痛等症状。同一时期,另一个国家也有几十人在饮用该饮料后出现同样症状。拥有一百多年历史的该知名饮料品牌面临着巨大的信任危机。一周之后,中毒原因基本查清。原来,该公司在某产地的罐装厂使用了不纯的二氧化碳,使饮料发出怪味、产生沉淀,消费者饮用后感觉不适。同时,该品牌在另一工厂生产的易拉罐在运往罐装厂的途中受到了污染。

在这次事件中,该公司仅在这两个国家就有 8 000 多万瓶产品被退回,直接损失达6 000 万美元。从社会角度看,这两个国家有多人的健康受到伤害,给政府和国家带来了一定的经济损失,导致了社会一定的无序和混乱状态。

(四)公共关系危机具有急迫性与关注性

公共关系危机总是在短时间内猛然爆发,具有很强的紧迫性,一旦爆发会造成巨大影响。它常常会成为社会和舆论关注的焦点,成为新闻界报道的内容,成为竞争对手发现破绽的线索。

三、危机公关的主要类型

(一)组织的产品与服务缺陷所造成的危机公关。

(二)公害(环境污染)问题而引起的危机公关。

(三)意外灾难性事件而引起的危机公关。

(四)舆论的负面报道引起的危机公关。

(五)竞争对手或个别敌对公众的故意破坏而引起的危机公关。

(六)广告伤害用户尊严引起的危机公关。

【案例】某品牌电视机的零件有瑕疵

2003 年,某电视机生产公司曾发布了一则致用户的通知。通知中称,由于该公司有10 款电视机的零件有瑕疵,它们将在日本召回34 万台电视机。这是该公司在早些时候宣布在全球召回1.8 万台笔记本电脑后又一因质量问题而大批提供产品免费维修的事件。在中国市场,该公司并没有销售这10 个型号的电视机,但是在1998 年1 月至1999 年6 月间,该公司在中国生产的少量21 英寸彩色电视机有6 种型号也使用了与在日本被召回的电视机属同类的电容器件。如有中国用户发现以上型号的电视机出现类似情况,该公司在中国的顾客服务机构将会负责提供“恰当的检查及维修服务”。

分析:案例告诉我们,正视危机并认真对待,积极补救是可以得到公众谅解的,如果置之不理,必然会引起公愤。

四、危机的成因

(一)组织内部原因

1. 组织自身素质低

一个组织的素质是指一个组织内部所有普通员工的素质和领导者的素质。这两类素质低下都有引发危机的可能。如果领导者自身素质低下的话,那么组织危机产生的可能性就更大。有些领导者知识结构不够完善,素质低,水平差,对员工缺乏威信和感召力,同时,对外部公众缺乏平等意识和必要的尊重。

2. 组织缺乏危机意识

目前很多组织缺乏"忧患意识",缺乏应对危机的一整套管理的体系和方法。组织一般不会有"未雨绸缪"的防范意识和战略考虑,不会注重媒介关系;即便出现了影响组织发展的突发负面事件,也往往是"病急乱投医",进行无序公共关系活动。

3. 经营决策失误

在现代社会中,经营决策都应自觉考虑社会公众、社会环境的利益和要求,不能有损于公众、有损于环境;反之,即属于经营决策失误。

4. 法制观念淡薄

很多组织往往在公共关系危机发生时,采用一些不合法的手段解决问题,造成事态更加严重。

5. 公共关系行为失策

策划不当,损害公众利益;公共关系活动缺乏必要的准备;面对公众的摩擦纠纷,反应不当,酿成危机。

6. 忽视公共关系调研,损害组织声誉

调研是公共关系运作程序中最重要的一步。组织通过调研可以明确自己所处的环境,验证对公共关系状况和公共关系状态的假设,它能有效地减少公共关系策划和计划中的不确定因素。同时,调研也为组织的长远发展提供了有价值的分析资料。

（二）组织外部原因

1. 组织恶性竞争

恶性竞争即不正当竞争，是指在市场经济活动中，违反国家政策法令，采取弄虚作假、投机倒把、坑蒙诈骗手段牟取利益，损害国家、生产经营者和消费者的利益，扰乱社会经济秩序的不良竞争行为。

2. 政策体制不利

如果政策体制对组织发展不利，那么组织就可能在经营活动中遭遇很大风险，出现严重问题，甚至陷入一种欲进不能、欲退不忍、欲止不利的困境。

3. 科技负影响

一是组织技术本身的危险性所致，二是行业技术进步带来技术标准变化所致，还有一种情况是技术标准体系中的矛盾导致组织公共关系危机。

4. 公众误解

公众对组织的了解并不是全面的，有的公众会因信息的缺乏或一面之词对组织形成误解。尤其是当组织在产品质量、原料配方、生产工艺、营销方式、竞争策略等方面有了新的进步、新的发展、新的探索，但公众一时还不能适应，或一时认识跟不上，用老观念、老眼光主观判断，草率下结论时，更易产生一些危机。

5. 公众自我保护

消费者正在觉醒，并且学会用法律的手段保护自己，组织原来认为合理的、正常的东西，在消费者的思想中已经变成不合理的，他们会对组织的不合理行为提出抗议，如反暴力行动、反污染行动，这使得组织面临新的危机。

6. 全新传媒出现

进入了网络时代，任何一个不满的顾客都可能成为组织外部的潜在风险。通过网络等新兴媒体，顾客的不满会被及时传达至社会公众。

【课堂讨论】召回门事件

2010 年 1 月起，由于油门踏板和脚垫的原因，某汽车公司在美国召回

230 万辆汽车,在中国将召回大约 7.5 万辆,在欧洲约 200 万辆汽车也考虑召回。

召回门事件可以给我们带来不少的启示,从企业的运营管理到危机的应对、处理都是一份不错的反面教材,对于汽车企业以至其他企业直至个人都有很大的可借鉴之处:

启示一:无论有形产品还是无形产品,质量永远是生存的根本。该公司对利润的追求使其管理理念发生转变,一味贪大忽视了对质量的管理,最终导致了召回门的出现。由此也看出,企业在生产产品的时候,不要以为消费者是信息不对称方的弱者而予以糊弄。长期不注重产品的品质,不严把质量关,最终要受到消费者的讨伐和抛弃。所以,不要试图掩盖错误,要直面现实,紧扣企业生存根本,把合格的、有保障的产品奉献出来。只有这样才能不断积聚市场人气,得到市场的最终认可并形成市场的消费趋向,否则企业会是短命的,产品也会是暂时的,更别说以此来获取利润了。

启示二:面对不良影响,危机公关要及时跟上。企业与人是同样的,在发展成长的道路上难免会遇到阻碍或沟沟坎坎,遇到危机,要及时启动实时、有效的应急措施,把危机公关做到位,把不良影响降至最低。那种意识不强、以为稍加运作就可摆平的想法是不成熟的,是对形势的错误判断。当面对公共关系危机时,必须综合考虑危机的成因及可能波及的范围,易扩大进行估计,不宜缩小或者淡化危机,只有这样才能在更大范围、更高层次上做出分析和判断,也只有这样的分析和判断才能覆盖事态的扩展可能,进而采取更有效的措施来解决。召回门事件以实例告知我们,危机公关在企业的生存道路上具有极大的重要性,要在这方面予以高度重视。尤其对于急剧扩张和做大、做强的企业,在追求高速发展的时候,正面的和反面的情况都应做充分考虑并采取相应的措施。如果不能以系统、全面的思维做出经营安排,在突发公共关系危机时,只能手足无措,延误拯救时机,导致意想不到的负面影响。

启示三:完善质量管理体系,加大主动性管理。从该事件看出,消费者及相关机构对产品的质量问题都具有一定的关注度,消费者的质量意识和法律维权意识将进一步增强,形成更坚实的社会力量,同样负有职权义务的相关机构不要等消费者投诉才启动调查程序,应主动行使职权,关注产品质量，关注民生反映，主动监督和启动调查程序，这是对民众负责也是对社会资本的负责。召回门事件告诉我们，一个法律维权意识强的社会和国家，对技术进步的促进作用是巨大的。

第二节　危机公关处理原则

一、及时主动原则

第一时间做出迅速恰当的反应是防止公共关系危机继续恶变的"法宝"。

【案例】"涉红"事件

苏丹红是一种化学染色剂，实验表明，苏丹红可导致老鼠患某些癌症，可能造成人类肝脏细胞的DNA突变。1995年一些国家已经将苏丹红列为严禁用于食品中的添加剂。2005年3月某食品企业第一次"涉红"，于第二天3月17日又被发现另三种产品"涉红"。随后，他们采取紧急措施，用现存经过验证不含苏丹红的调料取代原来的调料。恰恰在这时，3月18日，北京相关部门抽查到了这批问题调料。3月19日向媒体公布，责令该企业停售。在媒体已经大肆报道该企业两款产品"涉红"后，该企业某些连锁店甚至连公开声明都姗姗来迟。这不免让人心生疑问，该企业既然在2005年3月17日就发现另3种产品"涉红"，为什么没有在第一时间公布，而是用新调料替换？如果没有18日北京有关部门的抽检，该企业是否就能轻易掩盖事实、蒙混过关呢？

作为一个国际知名的企业，在收到类似问题警示时，其首先要做的是展开全面调查，在基于事实的基础上第一时间把相关信息向消费者发布。即使真的查处了有问题的产品，也应该及时向公众发布而不是刻意隐瞒，一旦失信于消费者，将会失去在市场中生存的根基。

【案例】某品牌奶粉的危机公关

2005年5月25日，浙江省工商局公布了一份儿童食品质量抽检报告，其中某品牌某批次奶粉被发现含碘量超过国家标准要求，儿童摄入过量有产生甲状腺疾病的可能。据悉，工商局在对外公布检测结果前给该公司15天的时间说明情况——即5月10日左右该公司就知道了检测结果,但该公司既不说明情况也不进行申辩。此次危机属于质量危机,而且是某批次奶粉出现问题,涉及面较小,如果企业能遵循及时主动原则,积极配合专家、政府,与相关部门积极沟通,分析碘超标原因,采取有效措施,例如宣布立即召回出现问题的该批次奶粉,与媒体和社会公众主动沟通,争取媒体和消费者的谅解,这次危机也许就会峰回路转,不会导致全国性的"撤柜"后果。

二、透明原则

公共关系危机一旦爆发,立即会引起政府部门、社会大众和相关媒体的关注与报道,此时事件的当事人,要公开真相,采取信息透明政策。在现代高度信息化的社会空间中,一个组织很难隐瞒信息,特别是对自己不利的信息,及时公布信息,可以避免流言蜚语、小道消息所造成的负面影响。

三、勇于承担责任、消费者利益至上的原则

消费者的权益高于一切,保护消费者的利益应该是组织危机公关的第一原则。

四、统一原则

统一原则包括信息发布口径的统一(避免多种不同声音的出现,造成外界更大的猜疑和混乱)、行动的统一、目标的统一和整个组织反应协调活动的统一。

五、防患未然原则

公共关系危机具有很强的突发性、不可测性,因而组织应对危机的一个重要原则,就是必须在平时就筹划预备好公共关系危机预警应对方案,

这样才能做到有备无患。

六、配合媒体原则

积极配合媒体可以抓住事态发展的主动权,可以将损失控制在最小范围内,使形象免受更大的损害。组织可以借助媒体在公众中的公正形象,说服公众,便于以后开展工作。

七、巧妙接招原则

危机问题出来了,组织公共关系部就不要回避,要大胆地接招。在与消费者、公众及媒体良好沟通交流后,巧妙制定危机公关策略,分步骤地实施危机公关。

【案例】墨西哥大地震

有一年,墨西哥一处旅游胜地附近的火山爆发,引发地震。新闻报道之后,当晚该旅游地的酒店就接到很多游客的电话,要求取消旅游计划、退掉已订好的房间。当地旅游业面临重大损失。

当地人马上请美国著名公共关系公司为其策划。公共关系专家来此考察,在飞机上就发现与该地同名的火山实际上与该地距离较远,旅游区并未受到影响。专家们马上拍了一部电视片:一边是完好无损的旅游区,一边是正喷流熔岩的火山。他们还组织了探险旅游团专程来观看火山爆发。电视片的播出打消了游客的恐惧心理,该旅游区不光保留了已有游客,而且吸引了更多前来观看火山喷发的游客。

分析:从这一案例中可以看到对事件及时处理的重要性,同时还可以看到及时请公共关系专家帮助处理危机的必要性。因为对于组织来说,有处理经验的人才很难得,而专家具有专门的经验与理论,能准确把握、化解矛盾,为组织带来较明显的效益。

第三节 危机公关三阶段

一、准备阶段

1. 了解危机，组织负责人首要的事便是召集高层听取关于危机事件的报告。报告应由一线员工或亲历员工汇报，力求准确、全面、详尽、客观。

2. 根据危机影响程度，迅速建立危机小组，组成人员包括：决策层负责人、公共关系部经理、人事部经理、保卫部经理等。危机严重时，要由组织一把手挂帅。

3. 危机小组首先要明确问题，要以各种方法挖掘出危机爆发的缘由。

4. 危机小组要安排调查组深入现场，了解事实，并尽快做出初步报告。

5. 危机小组要制定或审核危机处理方案及其方针和工作程序，尽快遏制危机的扩散。

6. 危机小组要统一信息发布口径，指定新闻发言人，一个声音对外。

7. 危机小组还要决定是否聘请外部公共关系专家和其他有关专家来协助指导危机公关工作。

二、处理阶段

1. 危机发生后，从组织内部的各层管理人员，一直到员工都应尽快得到组织危机小组的危机报告和如何对付危机的指示。

2. 危机小组应尽快确定各种已知的因素，分析问题的性质和程度，准备一个简短的声明，并通过媒介向社会公布。同时也尽快发布已掌握的各种事实资料，组织对此已采取的或将进一步采取的行动和对策，以表示组织对此事件的重视和良好的管理素质。可以通过新闻发布会，可以通过网络、直播节目等与公众面对面交流，澄清事实真相，如果确有错误，也要以真诚的态度博得公众的谅解。

3. 妥善做好善后处理。组织主要领导人第一时间亲临现场，安抚公众，稳定情绪。要勇于承担责任，本着公众利益至上原则，态度诚恳，在物质方面和精神方面都尽量使公众得到安抚。

4. 开放现场或组织专门参观，运用参观活动来协助危机解决。

三、重塑组织形象阶段

借助于组织面临的内部或外部危机，发现并改进组织的不足之处，使原来不利于组织的事件朝着有利于组织的方向发展，从而使组织能够保持健康持续发展态势。

复习思考题

1. 公共关系危机的成因有哪些？
2. 危机公关中如何与媒体合作？
3. 公共关系危机有哪些主要的特点和类型？
4. 请联系实际阐述危机公关的处理原则。

附录　优秀 CI 设计鉴赏

关于广东外语外贸大学学位证书设计报告

团队成员:黄浩璇　黄绮婷　罗　玲　刘家伶

一、调研数据和分析

本报告对广东外语外贸大学新版学位证书设计进行了问卷调查,问题及数据分析如下。

(一)调查对象

问题:请问您是[单选题]

分析:由附表 1 得知,调查对象中,本科生居大部分,其他占少数。

附表 1　调查对象分析

选项	小计/人	比例
教职工	0	0%
硕士生	4	4.82%
本科生	78	93.98%
校友	1	1.20%
本题有效填写人次	83	

(二)调查对象对学位证书排版方式的喜好

问题:请问您喜欢的排版方式是[单选题]

分析:由附表2得知,调查对象选择横版学位证书的数量是选择竖版学位证书的七倍多。由此可见,调查对象更加偏好横版学位证书。调查对象除了受以往学位证书横版模式的影响外,还认为横版证书比竖版证书更显正式、严肃。

附表2　调查对象对学位证书排版方式的喜好分析

选项	小计/人	比例
竖版	10	12.05%
横版	73	87.95%
本题有效填写人次	83	

(三)调查对象喜欢的封套颜色

问题:请问您喜欢的封套颜色是[单选题]

分析:由附表3得知,绝大部分调查对象偏好蓝色封套(受广外蓝的影响)。

附表3　喜欢的封套颜色分析

选项	小计/人	比例
蓝色	62	74.70%
暗红色	13	15.66%
深绿色	3	3.61%
棕色	1	1.20%
土豪金色	4	4.82%
其他	0	0%
本题有效填写人次	83	

（四）重要的元素

问题：请问您认为广东外语外贸大学学位证书上重要的元素是［多选题］

分析：由附表 4 得知，绝大多数调查对象选择最能代表广东外语外贸大学的校徽、校训和校园风光。另外，由于学位证书是国家教育部颁发的，部分调查对象选择国徽。

附表 4　学位证书上重要的元素

选项	小计/人	比例
国徽	11	13.25%
校徽	74	89.16%
校训	69	83.13%
校园风光	29	34.94%
校歌	6	7.23%
其他	3	3.61%
本题有效填写人次	83	

（五）内页背景

问题：请问以下校园风光和元素，您觉得适合作为内页背景的有［多选题］

分析：由附表 5 得知，大部分调查对象选择了南校的钟楼与北校的图书馆作为校园风光的建筑物代表，其中南校钟楼的呼声更高。可见南校钟楼与北校图书馆是广东外语外贸大学学子对母校印象最深刻的地方。选择这两处风光作为内页背景，同学在毕业后翻开学位证书，能够被最大程度地唤醒对母校校园的记忆。

附表 5　适合作为内页背景的校园风光和元素

选项	小计/人	比例
南校钟楼	61	73.49%
北校图书馆	44	53.01%
实验楼全景	32	38.55%
校名石	18	21.69%
北校大门	31	37.35%
校训石	8	9.64%
本题有效填写人次	83	

（六）证书风格

问题：请问在内页，您喜欢的风格是［单选题］

分析：由附表 6 得知，超过半数的调查对象选择以严肃严谨的风格设计学位证书的内页，大学毕业毕竟是人生的一件大事，大家都希望能够严肃对待。同时还有部分调查对象选择了以创新独特的方式设计内页，这是由于调查对象大部分是本科生，作为一名年轻新潮的大学生，对创新独特也会有所追求。

附表 6　调查对象喜欢的证书内页风格

选项	小计/人	比例
严肃严谨	45	54.22%
青春怀旧	14	16.87%
创新独特	24	28.92%
其他	0	0%
本题有效填写人次	83	

(七)关于英文版本学位证书

问题:对于增加英文版本学位证书,请问您的想法是 [单选题]

分析:由附表 7 得知,由于广东外语外贸大学是一所以外语见长的学校,大多数调查对象希望能够设计出英文版本的学位证书以体现广东外语外贸大学的“学贯中西”,因此选择“不赞成”选项的占极小部分,超过半数的调查对象选择了“赞成”,还有一部分的人选择了“无所谓”。

附表 7　对增加英文版本学位证书的意见

选项	小计/人	比例
赞成	47	56.63%
无所谓	34	40.96%
不赞成	2	2.41%
本题有效填写人次	83	

(八)关于学位证书的防伪标志

问题:对于学位证书的防伪标志,您喜欢的是 [单选题]

分析:由附表 8 得知,大多数人选择用防伪水印来作为学位证书的防伪标志,也有小部分人选择用学位证书编号与二维码作为防伪标志。作为置于学位证书内的内容而言,二维码所占面积较大,并可能与页面设计不搭,因此较少人选择。而学位证书编号的防伪力度相比防伪水印不够强,同时目前较多高校选择用防伪水印进行防伪,因此更多人选择以防伪水印作为防伪标志。

附表 8　对学位证书的防伪标志的喜好

选项	小计/人	比例
学位证书编号	19	22.89%
二维码	11	13.25%
防伪水印	51	61.45%
其他	2	2.41%
本题有效填写人次	83	

二、设计理念和设计作品

(一)学位证书封套的设计理念

1. 以深蓝色为底色,体现出庄重和青春相结合。
2. 封面校徽、校名为烫金字体,充分突出证书的含金量。

设计作品见附图 1。

附图 1　学位证书封套设计作品

（二）学位证书内页的设计理念

1. 上半部分用校训和南校钟楼相结合。

2. 淡蓝色的底色与封套的深蓝色相协调。

设计作品见附图 2。

附图 2　学位证书内页设计作品

（三）学位证书的设计理念

1. 背景启用北校的大门，这是广东外语外贸大学的标志性建筑。

2. 整体色调为淡蓝色，可与校徽颜色相呼应，整体比较协调。

3. 学位证书所用纸张下面印有防伪水印，在紫外光下可呈现“广东外语外贸大学”字样，不易复制。

学位证书设计作品可见附图 3。

附图3　学位证书设计作品

（四）设计总结

1. 调研结果与设计精神相结合。整体结构比较简单，但着重突出广东外语外贸大学的特色。

2. 整体色调采用蓝色，体现出严肃和活泼相结合，不同身份的相关人员接受度会比较高。

3. 防伪标志比较新颖，但是可能印刷成本较高。